山东省社科规划项目"司法政策对司法裁判的作用机理与规制方式研究"（编号19CFXJ07）成果

司法政策对司法裁判的作用方式研究
——以会议纪要为例

SIFA ZHENGCE DUI SIFA CAIPAN DE ZUOYONG FANGSHI YANJIU

武飞 等 著

知识产权出版社
全国百佳图书出版单位
—北京—

图书在版编目（CIP）数据

司法政策对司法裁判的作用方式研究：以会议纪要为例/武飞等著. —北京：知识产权出版社，2023.12
ISBN 978-7-5130-9021-6

Ⅰ.①司… Ⅱ.①武… Ⅲ.①审判—研究—中国 Ⅳ.①D925.04

中国国家版本馆 CIP 数据核字（2023）第 243359 号

责任编辑：李学军　　　　　　　　责任校对：谷　洋
封面设计：刘　伟　　　　　　　　责任印制：孙婷婷

司法政策对司法裁判的作用方式研究
——以会议纪要为例
武　飞　等著

出版发行：	知识产权出版社有限责任公司	网　址：	http://www.ipph.cn
社　址：	北京市海淀区气象路 50 号院	邮　编：	100081
责编电话：	010-82000860 转 8559	责编邮箱：	752606025@qq.com
发行电话：	010-82000860 转 8101/8102	发行传真：	010-82000893/82005070/82000270
印　刷：	北京建宏印刷有限公司	经　销：	新华书店、各大网上书店及相关专业书店
开　本：	787mm×1092mm　1/16	印　张：	13
版　次：	2023 年 12 月第 1 版	印　次：	2023 年 12 月第 1 次印刷
字　数：	202 千字	定　价：	96.00 元

ISBN 978-7-5130-9021-6

出版权专有　侵权必究
如有印装质量问题，本社负责调换。

作者简介与分工

武　飞，2006 年毕业于山东大学法学院，获法学博士学位。2016—2017 年美国埃默里大学（Emory University）比较法研究中心访问学者。现任山东大学法学院（威海）教授，硕士研究生导师，研究方向为法律方法论。主持国家社科基金一般项目 1 项、教育部人文社会科学研究青年基金项目 2 项、山东省社会科学规划课题 2 项；在《法学家》《政治与法律》《法学》等核心期刊发表学术论文 30 余篇；出版个人专著《法律解释：服从抑或创造》《法律修辞应用研究》。负责撰写本书前言、第四章、第六章至第八章以及全书的统稿工作。

王志成，浙江大学光华法学院博士研究生，研究方向为司法理论、数字法学。作为主要参与人完成教育部人文社会科学研究青年基金项目等多个课题；在《西安交通大学学报》《法理》等期刊上发表多篇学术论文。负责撰写本书第一章、第二章、第三章。

吴睿佳，山东大学法学院（威海）博士研究生，威海市人民检察院兼职研究员，威海市环翠区法学会常务理事。发表学术论文 10 余篇，多篇被人大复印资料全文转载，出版学术专著《企业合规检察建议规范化研究》，曾获山东省司法厅法治山东理论与实务研究规划课题研究成果一等奖等科研奖项，主持山东省人民检察院专题调研和理论研究等多项课题，撰写的多篇资政调研报告曾获山东省人民检察院、威海市委主要领导肯定性批示。负责撰写本书第五章。

前言：司法的政治性

司法与政治之间存在密切关联。在过去漫长的历史时期，法律是统治者进行社会控制的工具，国家意志通过司法落实到具体个案之中。在现代社会，人们赋予司法更为多元的价值期待：司法既要独立公正审判，又需有效回应社会需求。从宏观意义上说，法治本身就是人类政治理想的一部分，司法制度是将这一政治理想予以现实化的关键环节。在社会结构之中，法律命题为政治权力所支配。因此，在法律命题之中，必然或多或少地体现着一定的政治理想。法律命题通常总是带有政治色彩的。❶ 司法本身就是国家政治架构的一部分，天然地具有政治属性。"从某种意义上讲，不论何种形式的审判权，都是在一定的政治架构下所进行的制度配置，都具有相应的政治性。"❷ 任何司法行为都在某种程度上承担着一定的政治功能。

就具体的司法过程而言，案件的裁判总是会受到外在因素的影响，这些因素可能来自普通公众，也可能来自某一团体，或者来自政治力量。就法官的立场而言，除了依据既定法之外，也需考量一些政治因素。司法政策是政治意志在司法领域的集中体现，具有明确的目的性、当下的实践性和指向的具体性。无论是长期司法政策，还是短期司法政策，都为解决或普遍、或特定的问题而制定，指导着法院及其他司法主体的行为和法官的司法裁判，从而最终影响着我国司法裁判的总体结果。❸ 司法的政治性是

---

❶ [日]川岛武宜：《现代化与法》，王志安等译，中国政法大学出版社2004年版，第232页。
❷ 胡玉鸿：《论行政审判权的政治性》，载《法学》2004年第5期。
❸ 谢晖：《论司法政策及其法治使命》，载《法学杂志》2022年第3期。

必然的。

与此同时，司法与政治存在显著差异。政治是人们集体追求一种远景目标的过程，涉及国家重大利益的分配，政治决策的结果往往表现为出台具有规范性效力的政策等。相较之下，审判总是以具体个案中纠纷的存在为前提，审判者通过技术性操作将法律适用于个案。裁判结果往往只对特定案件发生效力，不涉及国家权力或社会普遍利益等结构性问题、整体性安排。作为两种职业，司法和政治在学识性、组织性、规范化等方面的不同，形成了各自职业的同质性，在此基础上造就相应的职业独立性和职业垄断性。[1] 作为社会治理的不同体系，它们在规范效力方面也存在显著差异。司法的价值取向与法官的个人价值观相对比较稳定，而作为承载政治意志的政策的价值取向变动较为频繁。现代社会复杂性的表现之一就在于社会关系的变动性远超以往，在此背景下，政治目标总是需要根据社会关系的变动而随时调整。

霍贝尔说，法是这样一种社会规范，当它被忽视或违犯时，享有社会公认的特许权的个人或团体，通常会对违犯者威胁使用或事实上使用人身的强制，法的要素是特许的强制力、官方权威和常规性。[2] 政策虽然不是国家法律，但它是集体行动的目标，也是官方行为规范。如果借用霍贝尔的概念，政策与法律之间仅有常规性程度上的差别。随着现代社会的飞速发展，作为治理工具的法律也不得不加快更新的频率。在法律立改废计划如此繁多的今天，这种差别也谈不上显著了。政策与法律作为一个社会多元规则体系的组成部分，它们之间存在互动关系，司法与政治可以相互促进。司法裁判有助于政策目标在社会关系中具体落实，而政治的强大影响力也有利于司法目标的实现。政策可能积极地补充法律，也可能消极地修正或消解法律。司法政策的贯彻落实也会带来政治上的肯定评价，这会增强法官自我规制自由裁量权的意愿。当然，即便是修正或消解法律，也并

---

[1] 黄文艺教授曾总结，从职业内涵上来说，一种职业通常具备六个特征，即学识性、独立性、同质性、组织性、规范化和垄断性。参见黄文艺、卢学英：《法律职业的特征解析》，载《法制与社会发展》2003年第3期。

[2] [美] E. A. 霍贝尔：《初民的法律》，周勇译，中国社会科学出版社1993年版，第30页。

不代表其后果是不为人们所期待的。当司法为实现其政治功能做出司法政策时，法官所面对的规范混合性色彩就更重了。政策本来是"法外空间"，但当有了司法政策，司法与政治或者法律与政策之间的界限便难以清晰界定。司法政策可以影响司法裁判，但其本身并不是每个司法个案的现成答案。就法官个体而言，他既需要聚焦于法律规范的具体适用和法律的逻辑演绎，考虑法律技术层面的操作，也需要关注司法政策的体现、引导和运用，注重裁判的政策导向性。在特殊案件中，法官可能还需要把握政治形势、政治目标、政治需求和政治价值，做出政治考量。❶ 司法政策影响了司法裁判，同时司法政策也存在被个案再加工的过程。以法官为代表的法律人是训练有素的法律职业专家，他们在司法过程中会如何对待司法政策，如何将司法政策与其具体的裁判方法与行为相结合，推进这种具有异质性的规范在整个法律体系中与其他规范相融贯，继而实现司法政策对司法裁判的指导功能，值得深入探究。

---

❶ 孔祥俊：《裁判中的法律、政策与政治——以知识产权审判为例》，载《人民司法》2008年第13期。

目 录

第一章　司法政策概述 ………………………………………… 1
 一、司法政策的概念 ……………………………………… 2
 二、司法政策的类型 ……………………………………… 8
 三、司法政策的功能 ……………………………………… 13

第二章　司法政策的历史沿革 ………………………………… 20
 一、新中国成立初期至改革开放之前（1949—1976 年）……… 20
 二、改革开放初期（1978—1996 年）…………………… 26
 三、司法改革探索期（1997—2006 年）………………… 38
 四、司法改革深入期（2007 年至今）…………………… 51

第三章　十大司法政策及其适用 ……………………………… 60
 一、以公正裁判引领社会风尚 …………………………… 62
 二、提高未成年人审判专业水平 ………………………… 64
 三、切实维护司法廉洁司法公正 ………………………… 65
 四、保障刑事诉讼法准确有效实施 ……………………… 67
 五、加强环境资源和生态保护 …………………………… 69
 六、服务保障知识产权强国建设 ………………………… 71
 七、加大力度惩治虚假诉讼 ……………………………… 73
 八、健全完善互联网司法新模式 ………………………… 75

九、保护人民群众"人脸"安全 …………………………… 76
　　十、加强减刑假释案件实质化审理 …………………………… 78

第四章　会议纪要的规范性质 ………………………………… 81
　　一、会议纪要的规范属性界定 ………………………………… 82
　　二、会议纪要在司法实践中的功能定位 ……………………… 87
　　三、会议纪要的规范性效力 …………………………………… 91

第五章　会议纪要的刑法法源地位 …………………………… 93
　　一、问题的提出 ………………………………………………… 93
　　二、刑法法源界定的基本理论 ………………………………… 99
　　三、司法机关会议纪要作为刑法法源的现实应用情况 …… 104
　　四、司法机关会议纪要刑法法源地位的合理界定 ………… 125
　　五、司法机关会议纪要作为刑法法源的适用原则与规范措施 …… 134

第六章　会议纪要对民事司法裁判的作用方式 …………… 143
　　一、裁判文书援用《会议纪要》的具体条文 ……………… 144
　　二、《会议纪要》的援用主体 ………………………………… 146
　　三、《会议纪要》在司法裁判中发挥的作用 ………………… 149
　　四、《会议纪要》与裁判结果之间的关联 …………………… 153

第七章　会议纪要对行政诉讼案件裁判的影响 …………… 157
　　一、援用《会议纪要》第1条的裁判情况分析 …………… 158
　　二、援用《会议纪要》第7条的裁判情况分析 …………… 162
　　三、援用《会议纪要》第21条的裁判情况分析 ………… 166
　　四、援用《会议纪要》第25条的裁判情况分析 ………… 173

第八章　会议纪要的功能偏差与规范化校正 ……………… 177
　　一、会议纪要在司法裁判中的功能偏差 …………………… 177

二、司法裁判中会议纪要功能定位的校正 …………… 183
三、会议纪要的形式规范化 …………………………… 184
四、会议纪要的公开程序规范化 ……………………… 189

结　语 ………………………………………………………… 191

第一章　司法政策概述

2011年，全国人民代表大会常务委员会委员长吴邦国同志在向十一届全国人民代表大会四次会议作常委会工作报告时庄严宣布，一个立足中国国情和实际、适应改革开放和社会主义现代化建设需要、集中体现党和人民意志的，以宪法为统帅，以宪法相关法、民法商法等多个法律部门的法律为主干，由法律、行政法规、地方性法规等多个层次的法律规范构成的中国特色社会主义法律体系已经形成。❶ 随着法治化进程的稳步推进，在全面依法治国的背景和形势下，中国特色社会主义法律体系不断丰富和完善，逐渐形成了由法律、政策、党规、习惯等组成的多元规范体系。司法政策也是这一体系的有机组成部分。最高人民法院、各地高级人民法院等通过制定和推行司法政策，积极将国家和党的政策引入司法体系，落实到具体司法实践之中。例如，在新冠肺炎暴发时期，最高人民法院针对这一特殊国内形势，于2020年4月、5月、6月连续发布实施了《关于依法妥善审理涉新冠肺炎疫情民事案件若干问题的指导意见》（一）（二）（三），于2020年7月与司法部、文化和旅游部联合发布并实施了《关于依法妥善处理涉疫情旅游合同纠纷有关问题的通知》等一系列文件，为化解纠纷、稳定社会秩序保驾护航。

从形式上看，从新中国成立至今，司法政策一直是指导我国司法活动的重要文件，在司法实践中具有不可或缺的地位。然而，相对于司法政策

---

❶ 《吴邦国在十一届全国人大四次会议上作的常委会工作报告（摘登）》，载《人民日报》2011年3月11日，http://www.npc.gov.cn/zgrdw/npc/xinwen/syxw/2011-03/11/content_1641626.htm。最后访问日期：2022年5月24日。

在我国社会主义法治体系中的地位及其所发挥的重要功能而言,学界关于司法政策研究的关注程度远远不足。如何在中国特色社会主义法治体系中认识司法政策,尤其是如何理解司法政策的合理性、规范性、影响司法实践的实效性等方面的问题,需要我们立足法治现实,以内在参与者的视角省察法治实践,对其进行理论化思考。

一、司法政策的概念

(一) 司法政策的界定

"司法政策"是一个广泛应用的专业法律术语,但学界对其概念、意义的理解仍存在较大分歧。频繁出现于司法文件和大量裁判文书中的"司法政策"术语,内涵也不清晰。从国内既有研究来看,对司法政策主要存在广义和狭义两种理解。广义的司法政策论者认为,司法政策即"关于司法"的政策,❶ 只要是有关国家机关制定的涉及司法活动和司法管理的公共政策都可称为司法政策。最高人民法院、最高人民检察院、司法行政机关制定和发布的政策属于司法政策;监察机关、行政机关、人大等在其职责范围内制定的规范某些司法行为或活动的政策也属于司法政策。

例如,有学者认为,"司法政策既包括国家及政党为实现其国家治理目标对司法方向和方法进行掌控的手段,主要体现为国家和政党精神的原则化指针;也包括司法系统内部解决阶段性司法问题的自我调整工具,主要体现为司法机关内部对某一法律适用的具体指导"❷;"司法政策是国家关于司法工作应该遵循的政策,包括全国人大常委会工作报告中有关司法工作应该贯彻的政策,以及司法机关确定的刑事司法政策、民事司法政策、行政司法政策等。每年度的全国人大常委会工作报告中对司法工作提出的方针、政策、措施、要求等,属于司法政策;最高人民法院和最高人

---

❶ 李大勇:《司法政策论要——基于行政诉讼的考察》,载《现代法学》2014年第5期。
❷ 刘武俊:《司法政策的基本理论初探》,载《中国司法》2012年第3期。

民检察院在每年度全国人大会议上的工作报告，会涉及司法政策；司法机关在日常的工作中不断地发布一些文件，这些文件中经常会涉及刑事司法政策、民事司法政策和行政司法政策；更重要的是，最高人民法院和最高人民检察院通过发布司法解释，阐释司法政策。总的来说，凡是与司法相关的政策规定，都属于司法政策"❶。由此可见，这种理解是建立在有资格制定司法政策的主体具有广泛性这一现实基础之上，以此为出发点，关注文件的治理功能和外在规范形式，只要具有政策的外观，内容有关司法，不论其主体是否为司法机关，都属于司法政策。谢晖教授从司法政策的主体、功能等方面对其进行界定，认为司法政策应当包含如下两点：其一，宪法和法律中对司法之具体目标和任务的明令（法定司法政策）；其二，无司法权国家机关（构）和司法机关（法院、检察院）依法所采取的完成阶段性目标和任务的决断或决定等（依法定司法政策）。所谓司法政策是指有司法政策制定权的宪制主体，根据其法定权限和程序所制定的，对解决司法活动当下所面临的普遍性问题产生实际指导或影响的，具有规范性、目的性、积极性、灵活性的路线、方针、政策（狭义）、决议、决定、命令、规定、办法、意见、解释、指示、请示、纪要等。❷ 这整体上也可以归为广义司法政策论的范围。

狭义的司法政策论者反对对司法政策这一概念作过于宽泛的理解，主张对于司法政策的主体作出相应的限定。从这种立场出发，他们认为司法机关制定司法政策的目标在于协调法律、社会、经济、政治等要素，指引特定阶段的司法活动，只有司法主体如法院、检察院所制定和发布的规范性文件才可能属于司法政策。也有学者作出了更进一步的限定，认为司法政策仅指最高人民法院和最高人民检察院制定的指导审判和检察工作的政策。❸ 狭义的司法政策论对于主体资格设定了门槛，过滤掉了非司法主体的政策，凸显了司法政策的司法专业性。这种主张的缺陷之处在于，即使是将司法政策的制定机关限缩在司法机关，也存在主体不明的问题。比

---

❶ 刘作翔：《当代中国的规范体系：理论与制度结构》，载《中国社会科学》2019年第7期。
❷ 谢晖：《论司法政策及其法治使命》，载《法学杂志》2022年第3期。
❸ 刘武俊：《司法政策的基本理论初探》，载《中国司法》2012年第3期。

如，我国四级司法机关中是否只有最高司法机关才有权制定司法政策？司法机关与其他机关共同制定的文件是否构成司法政策性文件？可见，简单地在制定主体上区分为司法机关与其他机关的标准仍无法帮助我们对司法政策概念进行准确的理解。

整体而言，如果司法政策的主体过于宽泛，不利于对审判独立和职权法定原则的理解和贯彻，因此笔者支持狭义的司法政策论，进而对司法政策和与司法相关的政策进行基本的区分。大致而言，司法机关制定的政策属于司法政策，其他机关制定的政策应当属于与司法相关的政策。同时，对司法政策的界定并不能以制定主体为唯一标准，还需要考量其内容和功能。简单地认定司法政策的制定主体局限于司法机关仍然是不妥当的。在实践中，由于社会关系复杂、主体权限模糊和交叉等原因，司法机关往往会同其他国家机关共同制定针对某一事项或某一类事项的政策，这些政策也属于司法政策。例如，针对执法过程中违法违规办理减刑、假释、暂予监外执行问题，最高人民法院与最高人民检察院、公安部、司法部联合发布了《关于加强减刑、假释案件实质化审理的意见》，加强减刑假释案件的实质化审理，严格审查减刑、假释等实体条件，切实保障程序正义，完善减刑、假释等案件的制度。由此，可以说，司法政策的制定主体中必须有司法机关，其他机关独立制定的关于司法活动的政策不应归于司法政策的范围。本书所讨论的司法政策，即司法机关或司法机关与其他机关联合制定的关于司法活动以及司法管理的政策文件，其主要功能在于为法律解释、法律适用等提供指引性规则或方向。

（二）司法政策的特征

第一，政治性。我国积极推进中国特色社会主义法治建设进程是在我国社会迅速变革的大背景下进行的，社会关系纷繁复杂且频繁变动。法律由于其一般性、普遍性、稳定性等特征，很难有针对性地及时回应某个特定阶段的特殊社会需求。司法机关因此会选择以司法政策的方式调整该特定时期的司法方向，明确该阶段的司法任务，引导司法有效化解社会矛盾。这种基于国家和党的政策贯彻落实的需要而制定的司法政策，承继了政策本身的政治性，成为一种"治理型司法"的重要表现形式。一方面，司法机关通过将党和国家的政策及时转化为司法政策，从而保证司法的大方向，始终与人民群众站在一起，保障人民群众的利益。例如，2010年最高人民法院《关于大力推广巡回审判方便人民群众诉讼的意见》，便是司法贯彻群众路线的典型事例。另一方面，司法机关也充分发挥能动性，在党和国家的号召下，响应党和国家提出的依法治国方略，根据社会需要制定具体的司法政策，以充分贯彻和落实党和国家的政策。这些司法政策的政治性主要体现在司法政策的具体内容上。例如，2016年最高人民法院《关于为京津冀协同发展提供司法服务和保障的意见》，推进了我国京津冀协同发展的政策具体落实到司法实践之中。这些司法政策是依法治国方略的重要内容，使依法治国方略具有了现实生命力，不致流于口号。此外，司法政策的政治性也体现在其执行和落实上。虽然司法体系内没有法律上的领导关系，但上级司法机关仍具有一定的行政和专业权威。其中，最高人民法院的司法政策在司法层级中具有最高的效力，下级法院都应执行和落实最高人民法院的司法政策。

第二，针对性。司法政策的针对性是相对于法律的普适性而言的。由于所涵摄事项的复杂性和规制主体的广泛性等原因，法律在一定范围内具有较强的普适性。即使是对某一事项的规定，内容大多也较为笼统，留下了很大的解释空间。与法律相比，司法政策则有更强的针对性。司法政策的制定出台主要是针对现实中存在的某一社会问题、议题或事项。相较于其他领域的政策或公共政策，司法政策的这种针对性主要体现为对于审判工作的完善、指导和探索，而非关切司法全局。例如，针对现实中法院在审理未成年案件方面的短板，最高人民法院《关于加强新时代未成年人审判工作的意见》对相应法律法规中规定的未成年人犯罪的受案范围、审理人员等作出了重新界定，切实保障了未成年人的权益。这种针对性的突出或强调，也使得司法政策仅适用于某一类或某几类情形，不具有普适性。具体来说，最高人民法院《关于加强新时代未成年人审判工作的意见》仅适用于未成年人犯罪的审判工作，而不适用于其他犯罪，也不适用于未成年人犯罪的认定、执行等。司法政策的针对性是由司法机关的法定权限所决定的。依照宪法，司法机关享有司法职权，只能就司法范围内的事项作出相应的规定。普适性的事项已经由法律法规等作出了相应的约制，司法机关可以法律等规范为依据，根据具体情势通过司法政策对审判实践中的某一问题或某类问题作出规定。

第三，阶段性。由于司法政策所具有的针对性，使得司法政策仅适用于所欲调整的某类问题，而不具有普遍适用的性质，由此带来司法政策效力的阶段性。司法实践中需要解决的某类问题必然是某一历史阶段的问题，针对这一问题的司法政策也将带上历史性的烙印。有时，这类问题被合理应对、解决之后，针对这一问题或这类问题的司法政策便失去了存在的价值。随着社会的进步、观念的更新、技术的发展，这类问题可能已不再是问题，针对这类问题的司法政策亦随之废止。例如，在计划经济形势下，面对一些商家买空卖空、囤积居奇、套购等损害经济秩序的行为，我国法律设立了投机倒把罪。最高人民法院为了贯彻和落实该项法律，制定了针对性的司法政策，全面保障计划经济的稳定。但随着改革开放，我国由计划经济走向市场经济，投机倒把罪被废除，与此相关的司法政策便也不再适用。1989年，最高人民法院、最高人民检察院《关于当前处理企业、事业单位、机关、团体投机倒把犯罪案件的规定》和《关于贪污受贿投机倒把等犯罪分子必须在限期内自首坦白的通告》现皆已失效。当然，实践中司法政策的阶段性特征因所调整问题的不同而呈现差异，并非都如投机倒把罪那样具有如此突出的阶段性，司法实践中也有一些长期存在的问题，如执行难问题、社会矛盾实质性化解问题等。例如，2011年为完善委托执行制度、破解执行难问题，最高人民法院发布了《关于委托执行若干问题的规定》。2020年，最高人民法院又根据社会关系出现的新状况对其进行了修改。执行难等问题长期存在并未改变与之相对应的司法政策的阶段性特征，毕竟，长期存在的问题在不同阶段也有不同的表现和特点，司法政策所作出的相应调整，仍具有阶段性特征。

第四，灵活性。相较于法律法规而言，司法政策具有较强的灵活性。这主要体现在以下三个方面。

（1）主体灵活。法律法规的制定主体由宪法、立法法等作了严格的规定，均为法定主体，而司法政策的制定主体则没有这样的限制。司法政策的制定主要由司法主体在职权范围内进行，司法机关可以根据需要使用这一职权工具，在制定主体方面没有严格的法律规定。具体来说，司法机关既可以单独发布某一司法政策，也可以联合其他机关共同制定和出台司法政策。司法机关联合的主体非常广泛，既可以是司法机关内部各部门的联合，也可以是司法机关与非司法机关的联合。无论是单独制定还是联合制定，司法政策皆具有相应的效力。

（2）程序灵活。依照宪法和立法法等的相应规定，法律的制定有着严格的程序要求，至少需要经过提案、审议、表决和公布四个阶段和程序，司法政策的出台则没有这些程序上的限制。比如在最高人民法院内部，一项司法政策可以经过审委会讨论决定，也可以无须审委会讨论。就其公布形式而言，司法政策可以通过司法文件的形式公布，也可以在一次重要会议上提出，以会议纪要的形式体现，还可以以新闻发布会、答记者问等形式宣示。因为司法政策的制定没有严格的程序要求，司法政策往往带有"横空出世"的色彩，即使是最高人民法院每年所发布的十大司法政策，我们也很少看到有关该政策最初的制定说明。相应地，司法政策没有严格的公布程序，也缺乏严谨的废除程序。司法政策具有针对性、阶段性特征，使得司法政策的时间效力有限。一般而言，现行司法政策的废除没有统一的程序，而是需要根据各个司法政策的内容区别而论。既可能是制定机关明确宣布该司法政策文件不再适用，也可以是在某一时期内由有权机关集中清理，抑或予以"遗忘"不再适用该司法政策，从而达到废止的目的。例如，2018年，最高人民法院《关于健全完善人民法院主审法官会议工作机制的指导意见（试行）》就是由于2021年《关于完善人民法院专业法官会议工作机制的指导意见》而失效。2018年最高人民法院《关于适用〈中华人民共和国民法总则〉诉讼时效制度若干问题的解释》是因为《民法典》实施后最高人民法院对116项司法解释及其他规范性文件进行集中清理，出台《关于废止部分司法解释及相关规范性文件的决定》而失效。1957年，最高人民法院《关于今后判决不再适用"教育释放"问题的批复》并未被正式废止，但实际上因社会关系的变化早已不需再适用。

（3）内容灵活。司法政策内容的灵活与发布主体的法定权限密切相关。因为发布主体既可以是司法机关，也可以是司法机关与非司法机关的联合，所以司法政策的内容也就既可以是司法职权范围，也可以是司法职权与非司法职权的交叉职权或联合职权范围。司法政策既可以是司法行政类的事项规定，也可以是司法审判业务类的事项规定，还可以由司法延展至其他领域，如行政执法方面的事项。总体而言，司法政策主要是关于司法的事项，其内容可视需要而定。当出现某一社会问题无法通过法律法规等予以解决时，司法机关可以考虑以司法政策的形式调动社会资源、政治资源等来应对。司法政策的内容可以是某一具体社会问题，如最高人民法院、最高人民检察院、公安部《关于敦促拐卖妇女儿童相关犯罪嫌疑人投案自首的通告》；也可以是比较复杂的社会关系，此时司法机关可能会与其他多部门联合发布相关规范。2019年，国家监察委员会、最高人民法院、最高人民检察院、公安部、司法部《关于在扫黑除恶专项斗争中分工负责、互相配合、互相制约严惩公职人员涉黑涉恶违法犯罪问题的通知》便属此类。

二、司法政策的类型

（一）以制定主体为标准的司法政策类型

根据制定主体的不同，司法政策可以划分为多种类型。本书所说的司法政策，其制定主体必须包含司法机关。首先，司法政策可以简单分成审判机关司法政策和检察机关司法政策这两大类别。前者是指人民法院制定的司法政策；后者则是指人民检察院制定的司法政策。这种划分的意义在于，不同主体所制定和发布的司法政策具有不同的效力。例如，检察院发布的司法政策对于各级法院来说影响并不大，更多的是面向各级检察院或公安机关；而法院发布的司法政策，不仅对各级法院具有相应的效力，而且可能对公安机关、检察机关以及社会公众都产生不同程度的影响，这是由法院的审判职能所决定的。在司法系统内部，根据主体不同，我们可以对司法政策做进一步细分。我国的司法机关大致可以分为基层、中级、高级、最高级四个层级。从实践来看，司法政策主要是由最高人民法院和最高人民检察院制定。例如，最高人民法院每年均会发布一定数量的司法政策，并从中遴选出"十大司法政策"。最高人民法院的司法政策在法院系统中具有最高效力。通常来说，高级人民法院的司法政策主要有两类：一是为贯彻落实最高人民法院相对宏观的司法政策而制定的更为具体的司法政策；二是根据本地区实践中的特殊情况而制定的司法政策。在实践中，相较于最高人民法院的司法政策，高级人民法院的司法政策并不常见，各地高级人民法院发布司法政策的数量也不相同。例如，2019年，上海市高级人民法院根据党组"办好案、服好务、改好革、建好队"的工作要求，结合上海市本地发展形势，制定了众多司法政策。这些司法政策既有对最高人民法院所制定和发布的司法政策的贯彻落实，也有促进本地发展的特色司法政策。前者如"优化保障法治化营商环境建设""深入推进司法体制综合配套改革""加强环境资源司法保护"等；后者如"服务保障长三角一体化发展""服务保障自贸区建设""服务保障科创板并试点注册制""服务保障'四大品牌'建设""服务保障浦东新区改革开放再出发""服务保障平安上海建设""推进长三角地区法律适用统一"等。中级人民法院和基层人民法院则通常不制定单独的司法政策，多为对上级法院司法政策的解读。例如，2018年3月，清远市中级人民法院针对各地存在的司法改革进展情况参差不齐，对改革政策的误读误解、消极观望情况，对最高人民法院和高级人民法院所发布的司法改革政策予以解读，形成清远市中级人民法院办公室《关于加强司法改革政策解读工作的通知》，以此防止对司法改革政策误读或误解，努力推进司法改革政策落到实处，在实践中收到良好效果。❶ 基层和中级人民法院面临案多人少的现实问题，无论是从可行性还是必要性上来看，都不太有制定司法政策的现实意愿与需求。

---

❶ 《清远市中级人民法院办公室关于加强司法改革政策解读工作的通知》，https：//www.gdqyfy.gov.cn/qyzynet/ggfa/3585.jhtml。最后访问日期：2022年5月25日。

（二）以所调整社会关系为标准的司法政策类型

根据所调整社会关系的广泛程度，司法政策可以分为宏观司法政策和微观司法政策。一般而言，承继党的政策、国家政策的司法政策通常为司法行为提供宏观指导，如最高人民法院《关于切实践行司法为民大力加强公正司法不断提高司法公信力的若干意见》《关于深入开展虚假诉讼政治工作的意见》便是典型的宏观司法政策。与之相比，最高人民法院《关于落实23项司法为民具体措施的指导意见》《关于办理虚假诉讼刑事案件适用法律若干问题的解释》则要具体得多。

在当前学界关于司法政策的分类中，最为常见的是基于司法政策所调整社会关系的特点并结合部门法的划分，将司法政策分为刑事司法政策、民事司法政策和行政司法政策，其中受到最多关注的是刑事司法政策。刑罚是一个国家最为严厉的惩罚手段，刑事案件中的定罪与否、量刑轻重都会对社会关系尤其是被告人利益造成重大影响。刑法的基本原则是罪刑法定，但刑法又需要根据社会关系的变化作出调整，因而刑事司法政策受到重视。实践中，宽严相济的刑事司法政策便对刑事司法审判产生重要影响。在2005年全国政法工作会议讲话中，罗干指出："贯彻宽严相济的刑事政策，一方面，必须坚持'严打'方针不动摇，对严重刑事犯罪依法严厉打击，什么犯罪突出就重点打击什么犯罪，在稳准狠上和及时性上全面体现这一方针；另一方面，要充分重视依法从宽的一面，对轻微违法犯罪人员，对失足青年，要继续坚持教育、感化、挽救方针，有条件的可适当多判一些缓刑，积极稳妥地推进社区矫正工作。"[1] 这可以称得上是宽严相济刑事司法政策的核心精神。在民事领域，近年来最高人民法院多着力于在知识产权保护、营造良好营商环境、鼓励科技创新等方面施行司法政策。例如，为加大知识产权司法保护力度，最高人民法院近年来公布并实施《关于全面加强知识产权审判工作为建设创新型国家提供司法保障的意见》《关于当前经济形势下知识产权审判服务大局若干问题的意见》《关于

---

[1] 转引自陈晓明：《施行宽严相济刑事政策之隐忧》，载《法学研究》2007年第5期。

知识产权法庭若干问题的规定》《人民法院知识产权司法保护规划（2021—2025 年）》《关于审理侵害植物新品种权纠纷案件具体应用法律问题的若干规定》等多部司法政策性文件。

在行政审判领域，行政司法政策从数量上显著少于民事与刑事司法政策，但其在司法实践中也发挥着重要作用。例如，针对重复起诉等滥用诉权行为，最高人民法院 2018 年制定并实施了《关于适用〈中华人民共和国行政诉讼法〉的解释》，其中的重要内容便是进一步明确行政诉讼的受案范围。为进一步推进人民法院行政争议多元化解工作，充分发挥行政审判职能作用，最高人民法院 2021 年制定了《关于进一步推进行政争议多元化解工作的意见》。这些都积极推动了行政争议的有效化解。

（三）以文本表现形式为标准的司法政策类型

司法政策需要以文本形式为载体，常见的形式是"意见""通知""会议纪要""指导案例""典型案例"等。最高人民法院网站"司法文件"一栏中公布的司法政策主要是"意见"和"通知"两种类型。最高人民法院制定各种以"意见"和"通知"为形式的司法政策是沿循了我国党政机关制定、发布政策性公文的规定和惯例，是源于法院作为党政机关行使职能的一种传统。根据《人民法院公文处理办法》的规定，"通知"是"适用于发布、传达要求下级人民法院和有关单位办理、周知或执行的事项，任免和聘用机关工作人员，批转、转发公文"的公文。"意见"是"适用于对重要问题提出见解和处理办法"的公文。以"通知"和"意见"为代表的法院公文是由法院制定并自上而下逐级传达，针对法院工作中的重要问题提出见解和处理办法，要求下级法院办理、周知或执行的司法领域内的政策。[1] 最高人民法院在发布指导性案例时，往往会在发布的通知中载明一定的倾向或态度，构成相应的司法政策。指导性案例是通过"通知"和个案的形式共同承载了司法政策的内容。例如，在发布第一批指导性案例时，最高人民法院在通知中列明了所发布的 4 个指导性案例的

---

[1] 杨海超：《司法政策在基层的实施情况》，载《政治法学研究》2015 年第 1 卷。

特点，反映了最高人民法院在该时期的司法政策，如关注和保障民生、倡导诚信社会、推进反腐倡廉、贯彻宽严相济刑事政策、保障和谐社会。

以会议纪要的形式发布司法政策，往往以召开一场或多场关于该司法政策内容的会议为前提。司法会议纪要是指对司法机关开展或参与的重要会议中涉及指导司法工作内容的总结。会议结束之后，以会议名称为纪要名称，通过有权主体予以发布。如为了推进长江、黄河流域环境保护工作，最高人民法院印发《服务保障黄河流域生态保护和高质量发展工作推进会会议纪要》与《贯彻实施〈长江保护法〉工作推进会会议纪要》。这些会议纪要是我国环保领域司法政策的重要组成部分。司法政策以会议纪要的形式发布，可以让司法者有更强的参与感，凸显了司法政策制定的民主性和科学性。除了上述形式的司法政策外，司法机关领导等在一些重要会议上的讲话也会包含司法政策方面的内容。每年全国人大会议期间，由最高人民法院院长、最高人民检察院检察长所做的工作报告也是司法政策表现出的重要形式。其他，如最高人民法院院长周强于2014年1月在全国高级法院院长会议上的讲话《深入学习贯彻习近平总书记重要讲话牢牢坚持司法为民公正司法工作主线》亦属此类。

在司法政策形式分类上，争议最大的问题在于司法解释是否属于司法政策范围。有学者认为司法政策不应包括司法解释。在最高人民法院的网站上，"司法解释"和"司法文件"是两个分列的栏目。"司法解释"栏目中发布的都是符合最高人民法院《关于司法解释工作的规定》中司法解释形式要求的文件，即"解释""规定""规则""批复"和"决定"。"司法文件"栏目中发布的则是司法解释之外的其他政策文件。在最高人民法院编写的出版物，如《行政执法与行政审判参考》[1]中，也是将审判政策与司法解释并列。与此同时，从最高人民法院每年发布的十大司法政策来看，不少司法政策的表现形式就是司法解释。刘武俊认为："最高人民法院和最高人民检察院制定的司法文件、司法解释等，就属于典型的司

---

[1] 最高人民法院行政审判庭编、李国光主编：《行政执法与行政审判参考》，法律出版社2000年版。

法政策。"❶ 李大勇等也认可司法解释是司法政策的一种。❷ 持相反观点的李红勃认为，由于司法政策的形式多样杂乱，这就给其"识别"带来了困难，容易造成其外延和内涵的混乱。他主张未来有关机关发布司法政策应采用统一的形式，即仅限于有权部门以"决定""通知"和"意见"形式发布的文件及最高司法机关的年度工作报告。司法政策应该由有权的机关以规范的形式发布，内部讲话和会议纪要等其他文件可以作为理解司法政策的辅助资料，但不应将其认定为司法政策本身。❸ 从文件整体来看，司法解释有着严格的制定程序，发布主体也较为规范，效力法定；而司法政策则一般缺乏严格的制定程序，发布主体灵活多样，效力有待商榷。

江必新认为，司法政策就内容上来说是一种原则性的要求，与司法规范有所区别。司法政策有一定的裁量余地、平衡空间与选择范围，否则就属于司法规范。通常的司法解释不宜纳入司法政策的范围，但是某些司法解释的原则性要求与指导性意见也应属于司法政策的范围。❹ 笔者认为，在学理上可以将司法政策与司法规范进行区分，但在我国现行司法体制之下司法政策传达或承载着重要的司法政策内容，因此在我们研究司法政策时不应也无法将其排除在外。

三、司法政策的功能

孔祥俊说："作为处理各类活生生案件的法官，我们都自觉或不自觉地经历和感受到，司法除以法律为基本准绳外，还受政治和司法政策的指引。当前我国审判工作必须正确地把握政治方向，立足国情，正确认识和把握国内外发展大势，反映我国发展的新要求和人民群众的新期待，坚持改革开放，推动科学发展，促进社会和谐，这就是政治对司法的要求，也是制定和实施司法政策的依据。特别是，政治和政策通常都是司法中的变

---

❶ 刘武俊：《司法政策的基本理论初探》，载《中国司法》2012年第3期。
❷ 李大勇：《论司法政策的正当性》，载《法律科学（西北政法大学学报）》2017年第1期。
❸ 李红勃：《通过政策的司法治理》，载《中国法学》2020年第3期。
❹ 江必新：《司法审判工作的理念、政策与机制》，人民法院出版社2019年版，第73页。

量，是司法的精神和灵魂，是法律适用中最活跃的元素。"[1] 司法政策作为中国特色社会主义法治体系中的重要一环，在司法实践中发挥了独特的功用。每一种司法政策由于表现形式、效力、性质等的差异，在司法实践中发挥的作用有所不同。总体而言，司法政策在实践中直接或间接地发挥着如下功能。

（一）贯彻党和国家政策

在我国的国家权力结构中，人民法院是国家的审判机关，人民检察院是国家的法律监督机关。人民法院和人民检察院享有国家的司法权。司法权的直接职能是化解社会纠纷，定分止争。同时，司法权作为国家权力的重要内容，司法机关也是国家政治结构不可或缺的组成部分，它们承担着国家与社会治理的功能。审判机关和检察机关在通过司法政策履行审判和监督职能的过程中，与其他国家机关相互配合、相互合作，共同完成维护党的执政地位、维护国家的安全、保障人民的权益、确保社会长治久安、稳定和谐可持续的首要政治任务。所有司法活动都应当自觉地将自己置于党的领导之下，依靠党的领导来保证司法工作的政治方向，坚定不移地贯彻党的方针政策，努力将党和国家的政策及时转化为司法政策，使司法工作服从和服务于国家政治、经济、文化发展大局。司法政策的制定、发布、落实，是对党和国家政策在司法领域的细化，是对国家发展大局的积极响应，也旗帜鲜明地表明了司法机关的政治属性。

中国共产党是我们国家的唯一执政党，代表了最广大人民的根本利益，全心全意为人民服务是党的根本和唯一宗旨。最高人民法院《关于落实司法为民要求做好司法行政工作若干问题的意见》《关于切实践行司法为民大力加强公正司法不断提高司法公信力的若干意见》《关于深入整治"六难三案"问题加强司法为民公正司法的通知》等一系列"司法为民"司法政策的出台，便是对党的意志在司法实践中的贯彻。从深层次来看，

---

[1] 孔祥俊：《裁判中的法律、政策与政治——以知识产权审判为例》，载《人民司法》2008年第13期。

司法政策的政治效果尽管大多时候表现为稳定社会和控制社会，实质上其核心是为了追求政治正义。政治正义主要是指政治权力获得的合法性和正当性，共产党的执政基础是人民群众，"人民司法"是实现政治正义的逻辑前提，"人民"的正义只有在"人民司法"中才能得到有效实现，因此，司法政策的政治效果最终都要体现在"一切为民"的目的之中。❶ 举例来说，2020年1月，最高人民法院、最高人民检察院、公安部联合印发《关于依法惩治袭警违法犯罪行为的指导意见》。这是我国第一部由最高人民法院、最高人民检察院、公安部联合出台的专门惩处袭警违法犯罪行为的规范性文件。人民警察是国家重要的执法司法力量，代表国家行使执法权，肩负着捍卫国家政治安全、维护社会安定、保障人民安宁的职责使命。因为特殊的工作性质，民警在依法履职过程中时常遭受违法犯罪分子的暴力侵害，甚至是打击报复。袭警违法犯罪行为不仅侵害了民警的人身权益，更是对社会正常管理秩序的破坏，从根本上说，损害的是国家法律尊严和政权权威。❷ 因此，这一文件的制定，不仅是为了追求直接惩治袭警犯罪的法律效果，也是为了实现良好的政治效果和社会效果。

（二）协调部署法律实施

随着社会的不断发展，司法与经济、政治、文化等方面深度融合，社会纠纷也呈现出交叉发展的趋势。单纯依靠某一部门法或某一权力主体已经无法应对这些纠纷，多方权力主体共同治理具有了现实需求。在司法领域，人民法院在司法审判方面拥有着专业的知识和经验，但是在涉及司法与管理、司法与社会、司法与行政等领域事项时，人民法院一来因为知识经验技术的束缚，二来因为职权的限制，很难有所作为。面对这种交叉事项，人民法院往往需要借助其他机关的职权、经验、知识和技术，实现 $1+1>2$ 的效果。

---

❶ 袁兵喜：《效力与效果：司法政策的中国语境》，载《江西社会科学》2014年第8期。
❷ 《严惩袭警违法犯罪 实现最佳法律效果政治效果社会效果——公安部召开新闻发布会就"两高一部"联合印发〈关于依法惩治袭警违法犯罪行为的指导意见〉答记者问》，载光明网，https：//m.gmw.cn/baijia/2020-01/10/1300869756.html。最后访问日期：2022年5月26日。

例如，在减刑假释案件审理上，涉及的权力主体包括审判机关、检察机关、刑罚执行机关、司法行政机关，即人民法院、人民检察院、公安机关以及司法部。因此，要想真正推动减刑假释案件的实质化审理，完善相关程序机制，加强对这类问题的监督指导和工作保证，就需要联合多方主体，形成治理合力，共同应对现实难题。为此，最高人民法院与最高人民检察院、公安部、司法部联合发布了《关于加强减刑、假释案件实质化审理的意见》。这一文件涵盖准确把握实质化审理的基本要求、严格审查减刑假释实体条件、切实强化减刑假释案件办理程序机制、大力加强减刑假释案件监督指导和工作保障等内容。最高人民法院审监庭副庭长罗志勇表示，减刑、假释案件办理过程中，由于多方主体职能作用发挥不充分、审理形式化等，导致某些减刑假释案件处理结果不够公正，甚至存在徇私舞弊、司法不廉等问题，严重影响了司法的公正形象，降低了司法权威和司法公信力。[1]《关于加强减刑、假释案件实质化审理的意见》以问题为导向，强化现实减刑假释案件的排查整治，提出了针对性的应对策略，以充分发挥各方主体的法定职能，规范减刑假释工作。2022年，徐州丰县"铁链女事件"引发全社会关注，最高人民法院、最高人民检察院、公安部三部门敦促相关犯罪嫌疑人主动投案自首、争取从宽处理，联合发布《关于敦促拐卖妇女儿童相关犯罪嫌疑人投案自首的通告》，从公安侦查、检察机关提起公诉到法院审判全过程统一部署，依法严厉打击拐卖妇女、儿童犯罪活动，切实维护广大妇女儿童合法权益，维护社会和谐稳定。

司法政策的协调部署功能，除了体现在对不同职能部门之间工作的协调部署，还体现在对专项问题上部门法之间的协调部署。有时针对同一事项的法律散见于多个部门法之中，这给实践中的操作带来一定的困难。司法机关可借助司法政策对症下药，超越部门法集中处理某类问题。例如，最高人民法院《关于适用〈中华人民共和国行政诉讼法〉的解释》第12条规定了"为维护自身合法权益向行政机关投诉，具有处理投诉职责的行

---

[1] 《两高两部发布〈关于加强减刑、假释案件实质化审理的意见〉》，载光明网，https://m.gmw.cn/baijia/2021-12/08/1302711396.html。最后访问时间：2022年2月9日。

政机关作出或者未作出处理的"情形下投诉人有权提起行政诉讼；同时我国《信息公开条例》第51条也规定了"公民、法人或者其他组织认为行政机关在政府信息公开工作中侵犯其合法权益的，可以向上一级行政机关或者政府信息公开工作主管部门投诉、举报，也可以依法申请行政复议或者提起行政诉讼。"实践中，存在某当事人既是投诉人也是政府信息公开申请人的情形，此时其行政诉讼原告资格应如何认定？最高人民法院第一巡回法庭《关于行政审判法律适用若干问题的会议纪要》便对此类问题进行了详细规定，化解实践难题。再如，2020年，最高人民法院为了保障民法典实施，发布了与民法典相配套的一批新司法解释，而且印发了《全国法院贯彻实施民法典工作会议纪要》。这一系列司法政策涉及解决适用民法典的时间效力问题以及民法典各章内容的统一理解问题，包括担保制度、物权、婚姻家庭、继承、建筑工程合同、劳动争议等方面，准确解释了民法典中有关条款的内容，对新旧法律的衔接适用作出了妥善的安排，帮助各级司法机关精准、统一、规范适用民法典，保障法律和司法的公信力。

（三）填补法律漏洞

法律漏洞，即"法律的不圆满性"[1]。法律漏洞的存在是法律体系运作中的正常现象，且只有在法律与个案遭遇时才会被发现，法官需要对这些漏洞作出应对。一旦某一漏洞的出现具有了一定范围的普遍性，基于法律统一适用的现实需求，则不能完全依赖法官的个案裁判，需要以司法政策填补漏洞。例如，随着高楼迭起，高空抛物的问题屡屡发生，严重危害公共安全。现实中常常因为无法查明真正致害人，受害人难以找到维权对象，受害人的权益无法得到充分保障，且难以追究行为人的法律责任。最高人民法院出台了《关于依法妥善审理高空抛物、坠物案件的意见》，切实维护人民群众"头顶上的安全"。该意见依照相关规定对高空抛物、坠物定罪量刑、民事责任承担的内容予以充分的具体细化，内容达16条之多，充分考虑实践中存在的各种具体情形，对症下药，突出刑事责任规

---

[1] ［德］卡尔·拉伦茨：《法学方法论》，陈爱娥译，商务印书馆2003年版，第250页。

定，利用刑事责任来威慑和制裁高空抛物者。同时，利用刑事诉讼更容易寻找证据等优势，实现多元纠纷解决，发挥民事责任和刑事责任的不同功能，综合治理，填补漏洞。通过司法政策对高空抛物问题作出精准规制是比较合适的，因为这一问题涉及不同的法律部门，无论是由民事法律还是刑事法律单独规制都无法达到理想效果。再如，修订前的行政诉讼法未对行政指导行为是否可诉进行规定，2000年3月开始实施的《最高人民法院关于执行〈中华人民共和国行政诉讼法〉若干问题的解释》中将"不具有强制力的行政指导行为"排除在行政诉讼的受案范围。在法律上，行政指导行为不具有强制力，不需要通过行政诉讼途径救济，但实践中也有行政机关打着行政指导的名义发布强制性命令，因此这一司法解释中使用了"不具有强制力的行政指导行为"这一表述，为的是更为精准地对这一事项进行调整。但此后在实践中，这种表述也造成了一些误解，似乎行政指导行为可以分为有强制力的行政指导和没有强制力的行政指导。随着我国行政执法水平的提升和对这一问题理解的深入，2018年实施的《关于适用〈中华人民共和国行政诉讼法〉的解释》，明确列举"行政指导行为"不属于行政诉讼受案范围，对这一问题进行了更为周延的规定。

整体来说，司法政策对于应对在现有法律体系框架内调动现有司法资源仍无法解决的现实问题，填补法律漏洞，不断提升法律体系的"圆满性"，具有显著意义。

（四）司法工作制度上的改革探索

人民法院和人民检察院等司法机关发布司法政策，既是推进法律体系的不断完善，也是对司法制度具体运作方式的有益探索。法律的稳定性、普遍性使得法律很难及时对社会问题作出回应，如果以法律为制度改革试点工具，试错的成本过高，难以随时推进制度创新。司法政策的灵活性、阶段性、针对性使得司法政策成为改革的排头兵。

为总结审判经验、统一法律适用、提高审判质量、维护司法公正，最高人民法院连续以多个文件推行案例指导制度。2010年，最高人民法院公布《关于案例指导工作的规定》，开始分批次公布指导案例。此后，又以

《〈关于案例指导工作的规定〉实施细则》(2015)、《关于统一法律适用加强类案检索的指导意见（试行）》(2020)、《关于推进案例指导工作高质量发展的若干意见》(2021)等多个文件对指导案例制度的运行作出进一步规定。与此同时，最高人民法院办公厅也先后制定《最高人民法院案例指导工作专家委员会工作规则》(2013)、《最高人民法院指导案例入选证书颁发办法》(2014)等更为细致的技术性规定作为制度运行的辅助。同时，最高人民法院 2020 年发布《关于统一法律适用加强类案检索的指导意见（试行）》，这些文件与指导案例本身组成了我国关于指导案例制度的主要司法政策，实质性推进了指导案例制度的确立、改革、完善。与此相类似，为了优化司法资源配置的模式、推动完善民事诉讼程序规则、充分合理地运用审判资源、释放司法效能，最高人民法院 2020 年发布《民事诉讼程序繁简分流改革试点方案》和《民事诉讼程序繁简分流改革试点实施办法》，明确了试点改革的目标、原则、内容、范围和方案，进行为期两年的民事诉讼程序繁简分流改革试点工作。这些试点改革工作涉及司法确认程序、诉讼外调解机制、独任制适用范围、电子诉讼规则等。试点的方案和实施办法彰显出时代性、务实性、创造性，是对我国司法实践需求的积极有效回应，符合我国民事诉讼制度改革发展的方向和趋势，可为下一步深化诉讼制度改革积累成功经验。

"通常而言，法律规则是基础，司法政策是灵魂。司法政策是对同一法律规则不同的适用方向的取舍，它不能脱离法律规则，但却决定着法律规则的适用方向。"❶ 我国司法机关通过司法政策来贯彻党和国家的政策，针对新问题新情况及时作出回应，充分指导司法实践，保障司法事业稳步前进。同时，司法政策本身作为一项具有突出历史性的制度也处于探索完善阶段。无论是司法政策在运行过程中存在的一些深层次问题，还是关乎其运作的具体技术性问题，皆需进行关注和研究。

---

❶ 孔祥俊：《司法理念与裁判方法》，法律出版社 2005 年版，第 39 页。

第二章　司法政策的历史沿革

从新中国成立至今，我国经历了巨大的社会变迁。伴随着社会的高速发展，司法政策在不同时期承载了不同的内容，对社会关系作出了有侧重的规范和调节，在国家和社会治理过程中发挥了重要作用。为对司法政策有更为全面的理解，尤其是对其在司法过程中发挥的实际作用有细致的认识，我们有必要对司法政策的历史沿革进行梳理。我国司法政策的发展历程按照发展的程度和层次可分为四个阶段：（1）新中国成立初期至改革开放之前；（2）改革开放初期；（3）司法改革探索期；（4）司法改革深入期。

一、新中国成立初期至改革开放之前（1949—1976年）

在新中国成立前夕，针对解放区司法活动中的法律适用问题，1949年2月22日，中共中央发出《关于废除国民党〈六法全书〉和确定解放区司法原则的指示》。该文件明确指出：在无产阶级领导的以工农联盟为主体的人民民主专政的政权下，国民党的《六法全书》应该废除，人民的司法工作不能再以国民党的《六法全书》作为依据，而应该以人民的新的法律作为依据，在人民的新的法律还没有系统地发布以前，则应该以共产党的政策以及人民政府与人民解放军所发布的各种纲领、法律、命令、条例、决议规定作依据。在目前，人民的法律还不完备的情况下，司法机关的办事原则，应该是：有纲领、法律、命令、条例、决议规定者，从纲领、法律、命令、条例、决议之规定；无纲领、法律、命令、条例、决议规定者，从新民主主义的政策。❶ 1949 年 9 月 29 日通过的《共同纲领》第 17 条明确宣布："废除国民党反动政府一切压迫人民的法律、法令和司法制度，制定保护人民的法律、法令，建立人民司法制度。"至此，国民政府全部法律在中华人民共和国不具有任何法律效力。

新中国成立初期，我国法律体系、司法体系尚不完备，人民法院在没有法律规定的情形下更多地使用政策来应对司法问题。这种状态一直持续到"文化大革命"时期。1975 年 1 月 20 日，第四届全国人民代表大会常务委员会根据毛泽东提议，任命江华为最高人民法院院长。在回忆这段岁月与历史时，江华说："1975 年 1 月我到职时，正值'文化大革命'的末期，人民法院在政治上、业务上、组织上遭到严重破坏，司法干部队伍受到了严重摧残，思想也很混乱。中央的同志对我说，你到法院工作，主要掌握政策就是了。"❷

通过北大法宝检索可以发现，至少在 1950 年前后，我国已经开始使用"司法政策"的表述。这份名为《最高人民法院对河北省人民法院 1949 年 11 月司法会议几个政策的总结意见》中提及，"宽大与镇压相结合"这一政策只是对于反革命性犯罪的政策，并非对于一般犯罪皆可用之政策。该规范意指这里所说的"宽大与镇压相结合"的司法政策具有针对性，仅适用于欲解决的问题或情形，不宜作为一般司法政策而普遍适用。

（一）刑事司法政策

新中国成立初期，我国在刑事立法方面，仅有为数不多的单行刑法，没有系统完备的刑法。仅有的几部单行刑法之后也在文化大革命期间被弃置，导致刑事法方面出现法律真空。当不得不解决相应刑事法律纠纷时，"镇压与宽大相结合""惩办与宽大相结合"的刑事司法政策便相继成为办理相关刑事案件的依据。❸

---

❶《中共中央文件选集》，中共中央党校出版社 1992 年版，第 152 页。
❷《江华司法文集》，人民法院出版社 1989 年版，"写在前面"第 1 页。
❸ 赵秉志：《新中国 60 年刑事政策的演进对于刑法立法的影响》，载《中国社会科学报》2009 年第 3 期。

解放初期，在一些新解放区，反革命分子的破坏活动仍非常猖狂，严重威胁了人民生命财产安全和人民政权的稳定。1950年，为了巩固新生政权、恢复国民经济，政务院和最高人民法院公布了《关于镇压反革命活动的指示》，要求各级人民政府对一切反革命活动必须及时地采取严厉的镇压。同年，中共中央作出《关于纠正镇压反革命活动的右倾偏向指示》，要求各级党委全面贯彻"镇压与宽大相结合"的方针，坚决镇压罪大恶极、怙恶不悛的反革命首要分子。1951年2月，中央人民政府发布了《惩治反革命条例》，规定了处理反革命案件的原则和方法。1951年，最高人民法院发出《关于正确执行"判处死刑、缓期两年、强迫劳动、以观后效"政策的通报》。司法机关实施《惩治反革命条例》和"镇压与宽大相结合"的刑事司法政策镇压反革命活动，对反革命分子定罪量刑，在此过程中，坚持"首恶必办，胁从者不问，立功者受奖"。从1950年10月开始至1953年上半年，除少数地区外，我国基本上肃清了危害国家和人民的残留的反革命势力、土匪、恶霸和间谍，巩固了人民民主专政的国家政权，实现了人民期待已久的社会安定。

随着社会主义改造基本完成，社会形势逐渐和缓，这一政策也发生了变化。"镇压与宽大相结合"进化为"惩办与宽大相结合"，同样也诞生了与之相应的刑事立法政策、刑事司法政策和刑事执法政策。司法者在审判过程中，将之前的"首恶必办，胁从者不问，立功者受奖"变更为"首恶必办、胁从不问；坦白从宽，抗拒从严；立功折罪，立大功受奖"。这一政策在当时发挥了重要作用。1979年颁行的新中国第一部刑法和刑事诉讼法均延续了这一政策，明文规定了"惩办与宽大相结合"的内容。该司法政策也为后来"宽严相济的刑事司法政策"的出台打下了基础。

(二) 民事司法政策

1950年，我国颁布实施了新中国第一部婚姻法。根据当时国情，《婚姻法》第1条就明确规定，其立法宗旨为：废除包办强迫、男尊女卑、漠视子女利益的封建主义婚姻制度，实行男女婚姻自由、一夫一妻、男女权利平等、保护妇女和子女合法权益的新民主主义婚姻制度。为了保证婚姻法的贯彻实施，1951年，最高人民法院、司法部联合发布《关于认真执行中央人民政府政务院〈关于检查婚姻法执行情况的指示〉的通知》。针对婚姻法实施中存在的争议，最高人民法院出台了一系列文件予以解答，尤其是针对第17条关于离婚的规定在适用中存在的争议，最高人民法院先后作出了《关于婚姻法第十七条的规定在审判工作中如何适用的问题的复函》(1958)、《关于学习婚姻法第十七条所遇到的问题的复函》(1962)、《关于如何正确理解婚姻法第十七条规定的复函》(1963)。

从1957年至1976年近二十年的时间里，最高权力机关全国人民代表大会及其常务委员会仅修订了宪法。由于之前制定的法律早已无法应对社会情势发展与变更，党和国家更多依靠政策来实现社会治理。为了应对民事审判中的现实问题，更好地贯彻民事司法政策，最高人民法院在1963年制定并发布了《关于贯彻执行民事政策几个问题的意见》。该文件称："全国各级人民法院在党的领导下，根据党的政策和国家法律，审理了大量的民事案件，开展了法纪宣传教育工作，积累了丰富的经验，取得了很大的成绩。但是，民事审判工作也存在着不少问题。为了更好地贯彻执行民事审判政策，现在仅就民事审判工作中有关财产权益和婚姻家庭两个方面所存在的主要问题，根据党的政策，国家的法律、法令及各地的审判实践经验提出一些意见。"该文件主要对财产权益纠纷和婚姻家庭纠纷方面的问题作出相应规定，前者主要涉及：(1)土地、山林、水利纠纷问题；(2)房屋纠纷问题。后者主要涉及：(1)离与不离的基本原则界限问题；(2)重婚问题；(3)买卖婚姻问题；(4)保护军婚问题；(5)离婚案件中的财产和生活费问题；(6)继承问题。

(三) 其他司法政策

新中国延续了抗日根据地时期形成的以注重调解为特色的马锡五审判方式。马锡五审判方式是以当时任陕甘宁边区陇东分庭庭长的马锡五同志的名字命名的。在抗日根据地时期，国民政府司法制度混乱，民事诉讼费用高昂和程序烦琐造成了司法不公，普通民众难以承受。马锡五创新审判方式，采取巡回审判方式，依靠群众，深入调查研究，运用了审判与调解相结合的方法，及时查清真相，纠正一审判决中的若干错案，审结疑难案件，减轻了人民的讼累。"这种审判方式是在当时的司法理念、制度和经验的基础上总结、提炼和发展出来的比较系统的民事诉讼模式。"❶ 新中国成立之后，马锡五审判方式得到发扬光大，注重"调解"的特色尤其受到关注。

在中国共产党成立后的第一次国内革命战争时期，党在工农运动中面对人民群众的纠纷即已实施和推行调解活动，这是人民调解制度的早期阶段。抗日战争时期，在通过调解化解群众纠纷方面，晋察冀边区政府颁布了一系列法令政策，如1942年的《行政村调解工作条例》、1944年的《关于加强村调解工作与建立区调处工作的指示》《关于区公所调处案件的决定》等。这种纠纷化解方式契合了中国传统文化中的无讼思想，深受群众喜爱，也在一定程度上奠定和开创了革命根据地后期的司法制度。这种注重调解的司法政策是我党深入群众、从群众中来到群众中去的群众路线在司法领域中的体现。新中国成立之后，这一司法政策得到进一步发展。1951年的《人民法院暂行组织条例》将"调解民事及轻微的刑事案件""指导辖内域内调解工作"列为基层人民法院的重要职责，最高人民法院多次召开全国性会议要求各级法院贯彻落实好调解政策。

1963年，最高人民法院召开第一次全国民事审判工作会议。"北京市人民法院贯彻执行会议精神，以经验介绍、总结、规定等多种形式严格规范审判活动，坚持'依靠群众、调查研究、调解为主、就地解决'16字方针，深入开展调解工作，扩大审判工作的群众基础，使法制建设又回归到正常轨道。"❷ 在法律缺位、政治意识占据主导地位的历史阶段，调解政策适应了当时司法审判和维护社会秩序的需要，化解了社会矛盾，充分保障

---

❶ 张静杰：《抗日根据地时期的"马锡五审判方式"》，载《法治日报》2021年6月9日，http://www.legaldaily.com.cn/index/content/2021-06/09/content_8525966.htm。最后访问日期：2022年2月9日。

❷ 《置身于祖国的心脏》，载《人民法院报》2011年6月28日，http://rmfyb.chinacourt.org/paper/html/2011-06/28/content_29422.htm? div=-1。最后访问日期：2022年2月9日。

了人民群众权益的最大化。可以说，马锡五审判方式对当时直至现在司法制度的发展都产生了极为深远的影响。

（四）小结

新中国成立初期，由于刚从革命战争年代走过来，我们宣布废除了国民政府的"六法全书"，整个国家的法制百废待兴。当时存在的法律仅有以往革命根据地沿用下来的法律和为数不多的在党的领导下新制定的法律，因此当时司法工作的运行主要是依据各项政策。

在新民主主义革命时期，政策即已发挥重大作用，成为法律缺失时的替代品。中国共产党根据实际情况针对实践问题制定的政策是化解革命根据地纠纷的重要依据。徐显明指出，中国近代的革命是集多重目的和任务于一身的革命，这种在今天看来包括政治、经济、文化、法制等多重内容的革命其任务之艰巨、胜利之艰难可想而知，在这种历史背景下所形成的党的政策与国家法律之间的关系也就具有了很强的意识形态色彩。[1] 1949年至1954年，我国制定了《共同纲领》《宪法》和13部国家机构组织法和选举法，不过即使是这些制定的法律、法令或法规，其中许多也有很大的暂时性、试行性、过渡性。1957年，中共中央发出《关于整风运动的指示》。之后，法律不仅几乎被取消，而且法律部门的名称也发生相应的变更。民事法律被更名为"民事政策"，刑事法律被更名为"刑事政策"或"对敌斗争的方针和政策"，国际法被视为国家的对外政策。此后的20年时间里，立法进入"冷冻"阶段。[2] 在没有比较完备法律体系的情况下，现有法律显然难以完全应对现实需要，面对待决案件无法可依的情形经常发生。1951年的《人民法院暂行组织条例》规定："人民法院审判案件，以中国人民政治协商会议共同纲领及人民政府颁布的法律、法令、决议、命令的规定为依据；无上述规定者，依据中央人民政府的政策。"新中国成立之后的司法经历了从形式上的"有抽象规定依抽象规定，无抽象规定

---

[1] 徐显明：《司法改革二十题》，载《法学》1999年第9期。
[2] 刘金国、蒋立山：《中国社会转型与法律治理》，中国法制出版社2007年版，第102–103页。

依政策"到实质上"政策至上"的变革。司法政策的权威性不断上升。新中国成立之后的一二十年间,由于该时期特定的历史背景和国家发展状况的变化,司法政策的重要性及其在司法实践中的地位均发生了重要变化,甚至在该阶段出现了"政策治国""政策性司法"等情况。

有学者研究认为,政策之所以在国家和社会生活中拥有着权威性的地位,经济方面的原因是我国当时的经济体制。[1] 社会主义三大改造完成后,生产资料自由制转变为公有制,我国初步确立了社会主义基本制度。在该历史时期,我国实行的是高度集中的计划经济体制,市场调节在经济活动中的作用无法有效发挥。当时,法律也并不完备,法律调整几乎不存在。面对纷繁复杂的经济纠纷,依靠政策可以很好地把握国家发展方向,调控经济活动,维护经济稳定。曲新久认为:"历史地看,我国是先有政策而后有法律,党的政策从实践来看,其地位明显强于法律,法律沦为实现政治目的的政策性工具之一,在相当长的一个时期内,政策常常就被看成是法律。"[2] 在1950年召开的第一届全国司法工作会议上,周恩来总理所作的《政务院关于加强人民司法工作的指示》指出:"人民司法工作必须配备一定数量的坚强干部作为骨干,必须教育他们重视司法工作,帮助他们提高政策水平。"

整体而言,新中国成立初期是一个破旧立新、政策治国的时代。政策的广泛适用使其在国家和社会治理中发挥了关键作用,将党和国家政策引入司法的司法政策也相应地带有鲜明的革命性色彩和特殊的时代特征,为当时的政治宣传、指引实践、新秩序的建立等作出了重要贡献。

二、改革开放初期(1978—1996年)

1978年12月18日至22日,党的十一届三中全会在北京召开。全会冲破长期"左"的错误的严重束缚,彻底否定"两个凡是"的错误方针,

---

[1] 公丕祥:《中国的法制现代化》,中国政法大学出版社2004年版,第525页。
[2] 曲新久:《刑事政策的权力分析》,中国政法大学出版社2002年版,第226-233页。

高度评价关于真理标准的讨论，重新确立了党的实事求是的思想路线。全会停止使用"以阶级斗争为纲"的口号，决定将全党的工作重点和全国人民的注意力转移到社会主义现代化建设上，提出了改革开放的任务。会议提出，为了保障人民民主，我国必须加强社会主义法制，使民主制度化、法律化，使这种制度和法律具有稳定性、连续性和极大的权威，做到有法可依、有法必依、执法必严、违法必究。国家应当把立法工作摆到全国人民代表大会及其常务委员会的重要议程上来。检察机关和司法机关要保持应有的独立性；要忠实于法律和制度，忠实于人民利益，忠实于事实真相；要保证人民在自己的法律面前人人平等，不允许任何人有超于法律之上的特权。自此之后，我国迎来了一个新的立法高峰。除了先后两次修订宪法，还先后制定了《刑法》《刑事诉讼法》等重要法律。在这一时期，国家更新观念，打开国门，蓄力发展，社会逐渐释放活力。司法政策在各部门法领域发挥的作用各有不同，但总体是为国家发展、社会进步保驾护航。

（一）刑事司法政策

"从重从快严厉打击刑事犯罪活动"（简称"严打"）是这一时期最为重要的刑事司法政策。从 20 世纪 70 年代后期开始，我国社会关系发生剧烈变化。文化大革命刚刚结束，人们的思维还停留在阶级斗争之中，无法短时间内从不遵守规则和秩序的旧行为中摆脱出来。中央结束了持续 25 年的知识青年上山下乡运动，大批知识青年陆续返城，社会待业人数达到新中国成立以来的最高值。从国家法律体系层面上来说，由于之前"砸烂公检法"的运动和立法事业的停滞，无法可依，对于严重暴力危害社会、危害他人生命财产安全的犯罪行为无法有效依法惩处。多方面因素相互作用，从 1979 年至 1982 年这段时间，我国犯罪率上升，出现了多起社会影响恶劣的重特大案件。这些因素形成了我国历史上第一次"严打"的社会背景和直接原因。

1980 年 2 月 12 日，第五届全国人大常委会第十三次会议决定，对现行的杀人、强奸、抢劫、放火等犯有严重罪行应当判处死刑的案件，最高人民法院可以授权省、自治区、直辖市高级人民法院核准。根据这一决定,最高人民法院于1980年3月18日下发了《关于对几类现行犯授权高级人民法院核准死刑的若干具体规定的通知》,授权省、自治区、直辖市高级人民法院核准部分死刑案件。1981年5月,第五届全国人大常委会第十九次会议通过了《关于死刑案件核准问题的决定》,规定除反革命和贪污等判处死刑的案件由最高人民法院核准外,在1981—1983年的杀人、抢劫、强奸、放火、投毒、决水和破坏交通、电力设备等罪行,由高级人民法院判处死刑或者中级人民法院一审判处死刑,被告人不上诉的,不必报最高人民法院核准。

当时,走私、套汇、投机倒把牟取巨额利润、盗窃公私财物、盗卖珍贵文物和索贿受贿等经济犯罪活动频频发生,对国家和人民利益带来了严重损失。1982年3月8日,全国人民代表大会常务委员会制定并发布了《关于严惩严重破坏经济的罪犯的决定》。这一决定提出,为了坚决打击这些犯罪活动,严厉惩处这些犯罪分子以及参与、包庇或者纵容这些犯罪活动的国家工作人员,有必要对刑法的一些有关条款作相应的补充和修改。此后,为了快速扭转社会治安的混乱、不正常状态,1983年8月,中央召开了全国政法工作会议。为了应对社会问题,中央决定以三年为期限,组织一次、两次、三次战役,按照"从快从重、一网打尽"的精神,对刑事犯罪分子予以坚决打击。1983年8月25日,中央政治局作出了《关于严厉打击刑事犯罪活动的决定》。该决定强调,"严厉打击刑事犯罪活动,是政治领域中一场严重的敌我斗争。它对于搞好社会治安,推动社会风气的根本好转,巩固和发展安定团结的政治局面,保障社会主义建设的顺利进行,对于提高全党、全军和全国各族人民的敌情观念和政治警惕性,加强党纪、政纪、军纪,加强社会主义法制,坚持人民民主专政,都有极其重大的意义。不经过这场重大的斗争,社会治安不可能搞好,社会风气的根本好转不可能实现,社会主义建设也不可能顺利进行。同时,也只有这样,才能使我们在实行对外开放、对内搞活经济政策,把经济逐步繁荣起来以后,避免资本主义国家那种犯罪活动泛滥、社会很不安宁、道德风尚败坏的不治之症,使我们的党保持良好的精神风貌和思想作风,使我们的国家保持良好的社会风气。因此，一定要把这场斗争作为全党、全军和全国各族人民的一件大事来认真抓好"。为了响应中央号召，迅速严厉惩处严重危害社会治安的犯罪分子，9月2日，全国人大常委会颁布了《关于严惩严重危害社会治安的犯罪分子的决定》和《关于迅速审判严重危害社会治安的犯罪分子的程序的决定》，规定对杀人、强奸、抢劫、爆炸和其他严重危害公共安全应当判处死刑的犯罪分子，主要犯罪事实清楚、证据确凿、民愤极大的，人民法院应当迅速及时审判。对严重危害社会治安的犯罪，人民法院"可以在刑法规定的最高刑以上处刑，直至判处死刑"。

这次"严打"是以施行专政、加以重典的理念进行的，政治和军事色彩浓厚，党、政、军等有关部门都深度参与。所以，"严打"不仅是司法系统的工作，更成为一项全国上下广泛开展的政治运动。对"严打"作出重要部署的文件都是由党中央和全国人大作出的，司法系统只是执行部门之一。为落实"严打"政策，1983年8月19日，司法部、公安部、最高人民检察院、最高人民法院联合发布《关于对犯人刑满和劳教期满的人员暂停放回社会的紧急通知》。1983年8月28日，最高人民法院、最高人民检察院、公安部、司法部发布《关于严厉打击劳改犯和劳教人员在改造期间犯罪活动的通知》。1983年9月20日，最高人民法院发布《关于人民法院审判严重刑事犯罪案件中具体应用法律的若干问题的答复》，针对前述全国人大常委会《关于严惩严重危害社会治安的犯罪分子的决定》执行过程中各地方法院遇到的具体问题进行解答。1985年7月12日，最高人民法院、最高人民检察院、公安部、司法部发布《关于抓紧从严打击制造、贩卖假药、毒品和有毒食品等严重危害人民生命健康的犯罪活动的通知》，一些地方出现工业酒精兑水冒充白酒、使用化肥制作蛋糕、使用疫病猪肉加工熟肉制品以及制造、贩卖假药等恶劣行为，为了保护广大人民群众的身体健康和生命安全、维护社会管理秩序、保证社会主义商品生产和经济体制改革的顺利进行，各级政法部门对于这些严重危害人民生命健康的犯罪活动必须抓紧从严打击。在这类"严打"司法政策文件中，经常使用比较严厉的措辞，例如："这些犯罪分子贪图不义之财，达到了丧心病狂的地步。各地群众对此十分愤慨，强烈要求政法部门依法予以严惩。""重判一批,注销城市户口一批,罪行严重、情节恶劣的要坚决杀掉。"从这些表述的修辞文法上来看,"严打"司法政策文件有着非常浓厚的政治色彩。

此次"严打"关注社会安全与秩序,回应了当时社会的现实需求,维护了社会稳定,对社会生活的正常运转发挥了重要作用。此后我国又分别在1996年、2001年、2010年进行过几次严打行动。在整体规模和效果上,1983年这次"严打"是最为广泛和严厉的。但这次"严打"也存在人本理念淡漠、用刑过重、程序操作随意等诸多问题。我国实务界与理论界皆对此次严打进行了深刻的总结和反思。

进入20世纪90年代,针对实践中出现的新型犯罪,如伪造国家货币、信用卡诈骗、强迫他人卖血等行为,最高人民法院等部门发布《关于办理伪造国家货币、贩运伪造的国家货币、走私伪造的货币犯罪案件具体应用法律的若干问题的解释》《关于办理信用卡诈骗犯罪案件具体适用法律若干问题的解释》《关于对非法占有强迫他人卖血所得款物案件如何定性问题的意见函》,对具体问题的法律适用予以规定。针对骗取出口退税犯罪这种多层次、多环节的犯罪,1995年,最高人民检察院、最高人民法院、公安部等部门发布《关于在严厉打击骗取出口退税犯罪活动中加强协作的通知》,组织加强检察、公安、法院、税务、银行和海关在查办骗税案件中的配合与协作,依法严厉查处这类犯罪。

这一时期刑法适用类推的问题也值得关注。1979年《刑法》第79条规定,本法分则没有明文规定的犯罪,可以比照本法分则最相类似的条文定罪判刑,但是应当报请最高人民法院核准。1980年1月14日,最高人民法院发布《关于适用法律类推的案件报送核准问题的通知》,明确规定人民法院在审判刑事案件中,应当严格限制类推的适用,只是对于刑法分则确无明文规定而又必须给予刑罚处罚的犯罪,才可以比照刑法分则最相类似的条文定罪判刑,并要求中级人民法院、高级人民法院对下级人民法院报核的适用法律类推的案件,应就事实是否清楚、证据是否确实和类推是否适当进行全面审查。学界认为,1979年刑法采用的是基本上的罪刑法定原则,即以罪刑法定为基础,以类推为补充。一直到1997年刑法正式确立罪刑法定原则,类推才被禁止。

（二）民事司法政策

在改革开放初期，社会关系变动频繁，经济关系活跃，民事司法政策调整最为集中的两个领域是婚姻纠纷与经济案件。

1981年1月1日起，我国开始实施修订后的《婚姻法》。1981年11月30日，最高人民法院、司法部、民政部、总工会、共青团中央、全国妇联发布《关于深入宣传婚姻法的通知》，针对在全国城乡各地存在的干涉婚姻自由，包办买卖婚姻和借婚姻索取财物，拐卖、摧残妇女，喜新厌旧，破坏他人家庭以及办婚事铺张浪费，草率结婚，草率离婚等现象，推进婚姻法的广泛深入宣传。同时，我国实行改革开放政策之后，社会关系变动频繁，公民的境外活动增加，跨国婚姻问题凸显。最高人民法院发布了一系列文件，针对新旧婚姻法的适用衔接、重婚、父母离婚变更子女姓氏、夫妻一方在国外及夫妻双方都在国外如何办理离婚、非婚生子女抚养、大陆居民与居台配偶离婚、事实婚姻的确认、现役军人离婚、驻外使领馆处理华侨婚姻、涉外离婚子女抚养、未办理结婚登记而以夫妻名义同居生活、夫妻离婚后人工授精所生子女的法律地位等诸多问题进行了规定。1984年8月，最高人民法院发布《关于贯彻执行民事政策法律若干问题的意见》，全篇81条内容，其中50多条涉及婚姻家庭和继承问题。针对离婚案件中夫妻感情破裂认定这一难题，1989年12月13日，最高人民法院发布《关于人民法院审理离婚案件如何认定夫妻感情确已破裂的若干具体意见》，提出了认定夫妻感情破裂的14个标准，这些标准成为后来我国司法实践中法官判断夫妻感情破裂的重要依据。1993年11月3日，最高人民法院印发《关于人民法院审理离婚案件处理财产分割问题的若干具体意见》《关于人民法院审理离婚案件处理子女抚养问题的若干具体意见》，对离婚问题产生的最重要的两个问题，即财产分割和子女抚养问题进行了系统细致的规定。

改革开放初期，随着全党全国工作着重点的转移和经济立法的逐步完善，开展经济审判工作、保障社会主义现代化建设事业的顺利进行，已是人民法院的主要任务之一。《经济合同法》自1982年7月1日起实施，是我国处理经济合同关系的重要准则。为保证法律的顺利实施，最高人民法院提前做了必要的准备工作。1979年7月1日，第五届全国人大通过修订后的《人民法院组织法》，同年9月，最高人民法院建立经济审判庭。此后，各省、直辖市、自治区高级人民法院以及一部分地区的中级人民法院相继建立了经济审判庭，有些基层人民法院也在试建，但对经济审判庭的收案范围无统一意见。1980年8月8日，最高人民法院经济审判庭发布《关于人民法院经济审判庭收案范围的初步意见》，指出由于我国国民经济正处于调整阶段，经济审判庭又是初建，因此收案范围宜窄不宜宽，应把收案重点放在保护公有财产和处理厂矿企业之间的某些经济纠纷、维护经济秩序、促进生产发展上面。根据最高人民法院的意见，我国法院经济审判庭主要审理经济纠纷案件、经济犯罪案件和涉外经济案件，成为既审理民事案件又审理刑事案件、既审理国内案件又审理涉外案件的综合审判庭。

1984年9月17日，最高人民法院出台《关于贯彻执行〈经济合同法〉若干问题的意见》，要求审理经济合同案件，首先要解决的是确认经济合同的效力问题。被确认无效的经济合同不受法律保护，对于合同双方没有约束力。但是对于合同被确认无效所引起的经济纠纷，人民法院则应在查明事实、分清是非的基础上，依照国家的法律、政策合情合理地予以解决。1985年12月，最高人民法院出台《关于审理经济纠纷案件必须严肃执法的通知》。该文件指出，一个时期以来，各地人民法院在审理经济纠纷案件中，经常遇到案件在判决后不能执行或者难以执行的问题；还发现不少案件表面上看是经济纠纷，实质上是违法犯罪，甚至是严重的犯罪，特别是利用经济合同进行投机诈骗的犯罪活动，性质十分恶劣。这对于进一步贯彻实施对外开放、对内搞活经济的政策，对于社会主义经济体制改革，对于社会主义物质文明和精神文明的建设，危害很大。因此，各级人民法院对以上种种情况，必须认真研究，正确判断，及时依法采取严密果断的措施。人民法院在审理经济纠纷案件中，发现经济犯罪，特别是严重经济犯罪，必须追究刑事责任，不能只当作经济纠纷案件来处理，放纵了犯罪分子。现实生活中存在个别不良现象，如对一些严重经济犯罪，有关部门仅给予没收、罚款等行政处罚，而没有依法移送司法机关追究刑事责任。最高人民法院要求各级人民法院发现这种轻纵处理的严重经济犯罪案件，应建议主管部门依法移送司法机关查处，并将有关情况通报人民检察院或公安机关，同时，报告上级人民法院。

当时，一方面经济行为频率和复杂性不断提高，另一方面经济行为的规范性程度尚低，针对司法实践中出现的一些疑难问题，如"合同签订人未持正式的授权委托书签订合同，其代理资格和权限应当如何认定""借用业务介绍信、合同专用章或者盖有公章的空白合同书签订的经济合同应当如何认定""超越经营范围或者违反经营方式签订的经济合同是否有效""无实际履约能力的工商企业签订的经济合同应当如何认定""订立假经济合同、倒卖经济合同、利用经济合同买空卖空、转包渔利等违法行为如何认定""定金和违约金适用""乡（镇）、村举办的企业资不抵债如何处理"等问题，1987年7月，最高人民法院发布《关于在审理经济合同纠纷案件中具体适用〈经济合同法〉的若干问题的解答》，对这些问题进行了细致的规定，为司法实践中有效解决这些难题提供了依据。

改革开放初期，由于社会关系的重大变化，我国出现一些新类型的案件，最高人民法院发布了一系列批复类文件予以解答。例如，对于房屋私有化问题，最高人民法院《关于〈城市私有房屋管理条例〉公布前机关、团体、部队、企业、事业单位购买或租用房屋是否有效问题的答复》再次重申机关、部队、团体、企业、事业单位不经批准不得租用或购买私有房屋。而在此前，1956年中共中央《关于目前城市私有房产基本情况及进行社会主义改造的意见》、1964年国务院《关于私有出租房屋社会主义改造问题的报告》、1965年国务院财贸办公室《关于供销合作社购买农村生产队、社员房产问题的答复》，均已作相同规定。1982年12月18日，最高人民法院制定并发布了《关于农民未经批准购买城镇房屋无效的批复》，1986年11月14日，最高人民法院出台《关于公民对宅基地只有使用权没有所有权的批复》，对实践中存在的房屋买卖、宅基地流转等问题进行了严格规定。

（三）行政司法政策

在1989年《行政诉讼法》正式颁布之前，我国的行政诉讼制度处于探索时期。1949年9月颁布的《共同纲领》第19条规定："人民和人民团体有权向人民监察机关或人民司法机关控告任何国家机关和任何公务人员的违法失职行为。"1950年《土地改革法》第31条规定："划定阶级成分时……评定后，由乡村人民政府报请区人民政府批准。本人或其他人如有不同意见，得于批准后十五日内向县人民法庭提出申诉，经县人民法庭判决执行。"1954年《宪法》第97条规定："中华人民共和国公民对于任何违法失职的国家机关工作人员，有向各级国家机关提出书面控告或口头控告的权利。由于国家机关工作人员侵犯公民权利而受到损失的人，有取得国家赔偿的权利。"这些支持告诉的规定反映了党始终代表着人民群众的利益，始终用心服务好人民群众，始终接受人民群众的监督。从这些规定来看，尽管国家支持个人对行政机关及其人员向法院告诉，公民拥有告诉的权利，但并未对告诉权利的具体内容及其保障作出规定，公民告诉缺乏相应救济的方式和途径。随着法治实践进程的推进，这一问题更为凸显。

为了强化社会发展过程中的行政管理职权，当时制定的一些经济类法律、法规赋予了主管机关对违反规定的行政相对人予以罚款、开除等的行政处罚权。然而，由于存在法律法规的内容并不完善、执法人员的法治意识不足等短板问题，实践中出现了一些不当处罚、违法处罚等现象，给行政相对人的权益带来重大损害。为了更好地应对这类司法案件，1985年最高人民法院《关于人民法院审理经济行政案件不应进行调解的通知》指出："人民法院审理这种行政案件，不同于解决原、被告之间的民事权利义务关系问题，而是要以事实为根据，以法律为准绳，审查和确认主管行政机关依据职权所作的行政处罚决定或者其他行政处理决定是否合法、正确。因此，人民法院不应进行调解，而应在查明情况的基础上作出公正的判决：如果主管行政机关所作的行政处罚决定或者其他行政处理决定正确、合法，应当驳回原告的起诉；如果主管行政机关的行政处罚决定或者其他行政处理决定在认定事实、适用法律方面确有错误，应当予以撤销或者变更。"

1986年9月5日通过的《治安管理处罚条例》于1987年1月1日起实施，第39条规定了受到治安管理处罚的人或被侵害人对行政行为不服的，可以向上一级公安机关申诉，不服上一级公安机关裁决的，可以向当地人民法院起诉。为落实好这一规定，1986年，最高人民法院发布《人民法院审理治安行政案件具体应用法律的若干问题的暂行规定》，与《治安管理处罚条例》同步实施。该暂行规定规定了治安行政案件的管辖、审理程序、审限；并明确指出"人民法院只就公安机关的后一次裁决是否符合事实以及是否合法进行审查，依法分别作出维持或者撤销的裁定"。关于这一暂行规定是否可以适用于其他行政案件的审理，最高人民法院在1988年1月13日发文表示，暂行规定只适用于人民法院审理的治安行政案件；人民法院审理其他行政案件，包括不服海关处理的行政案件，仍应依照《民事诉讼法（试行）》第3条第2款的规定，即"法律规定由人民法院审理的行政案件，适用本法规定"办理，不宜援引审理治安行政案件的暂行规定。

1988年，农民包某照状告浙江省苍南县政府，成为当时的轰动案件。此案纠纷发生于1985—1987年，包某照办理了房屋产权登记手续的三层楼房被县政府以影响抗洪防汛为由强行拆除。直到案件受到浙江省高级人民法院院长的关注，浙江省高级人民法院指令温州市中级人民法院受理，此案得以正式进入司法程序。这一案件反映了"民告官"在实践中的难度之大。1989年4月4日，《行政诉讼法》由第七届全国人民代表大会第二次会议通过，并于1990年10月1日起实施，这在我国法治建设过程中具有里程碑式意义。为落实好这一法律，最高人民法院选择了若干人民法院进行试点，为行政诉讼法的全面贯彻执行创造条件、积累经验。针对试点过程中各地方法院遇到的问题，如是否可以扩大受案范围、试点过程中如何对待尚未生效的行政诉讼法条文等问题，1989年11月20日，最高人民法院制发的《关于〈中华人民共和国行政诉讼法〉实施前行政审判试点工作中几个问题的答复》对具体问题进行了解答。行政诉讼法实施一段时间后，面对实践中出现的问题，1991年6月11日，最高人民法院公布《关于贯彻执行〈中华人民共和国行政诉讼法〉若干问题的意见（试行）》，从受案范围、管辖、诉讼参加人、证据、起诉和受理、审理和判决、执行、侵权赔偿责任、期间、诉讼费用、涉外行政诉讼11个方面分别对行政诉讼法相应部分的规定进行了细化，其内容有115条之多，全面提升了行政诉讼法适用的可操作性。

1993年3月11日，最高人民法院《关于人民法院审理行政案件对地方性法规的规定与法律和行政法规不一致的应当执行法律和行政法规的规定的复函》规定：对地方性法规的规定与法律和行政法规的规定不一致的，应当执行法律和行政法规的规定。1993年11月24日，最高人民法院《关于适用〈城市房屋拆迁管理条例〉第十四条有关问题的复函》中明确界定，在城市房屋拆迁过程中，拆迁人与被拆迁人对房屋拆迁的补偿形式、补偿金额、安置用房面积、安置地点、搬迁过渡方式和过渡期限，经协商达不成协议发生的争执，属于平等民事主体之间的民事权益纠纷。房屋拆迁主管部门或同级人民政府对此类纠纷裁决后，当事人不服向人民法院起诉的，人民法院应以民事案件受理，这对我国行政协议纠纷的处理也产生了深远的影响。

整体而言，在改革开放初期，我国完成了行政诉讼制度的初步构建。在行政诉讼制度框架已经具备的情况下，行政诉讼方面的司法政策主要是应对实践中出现的一些具体问题，逐步推进行政诉讼制度的规范化，探索性特征比较明显。

（四）小结

改革开放初期，我国司法政策的主要目标在于恢复健全的审判机制，该阶段的司法政策承继了以往维护社会秩序稳定、针对性解决实践中出现的具体问题的功能，同时伴随着我国法律体系的初步建立，也更为关注人权保护。改革开放抓住了历史的机遇和时机，正确地预判了当时的社会总体形势和国家发展的任务。但是仍有一些人的思想依然停留在上一历史阶段，错误的思想产生了破坏社会秩序的行为。这些违法乱纪行为的发生，给社会带来了不安，使人们对社会主义总体事业产生了疑虑，严重危害了人民的幸福生活和社会主义事业的继续推进。当时的法律并不完备，无法满足从快、从重打击犯罪的目的和时代任务，党和国家就使用政策来实现治理需求。以"严打"为核心的刑事司法政策，目标指向非常明确，即为社会稳定、经济发展保驾护航。凭借司法政策，司法者在多个法律领域打击了违法犯罪的行为，威慑了犯罪分子，快速有效地助力国家社会秩序稳定，从而保护了人民群众和国家的利益。

改革开放初期的司法政策，同时表现出很强的针对性和探索性。由于立法工作并非一蹴而就，越是基础的法律越需要进行科学严谨的调研，因而虽然众多法律被纳入立法规划，却不能很快就制定出高质量的法律。这一阶段国家发展的一个重要特征便是改革探索。众多的制度在此时期建立或产生萌芽。法律的普遍性、稳定性等使得法律无法为试点工作提供合法化依据；而政策所具有的灵活、临时、高效等特征，使得党和国家更青睐使用政策来进行相应的试点工作。因此，政策在当时承担起制度的改革探索功能。这一角色使得政策更具有相应的临时性特征。当开始制度的探索创立时，国家通过政策来试点、创立某项制度。相应地，司法机关就需要产生与之对应的司法政策来为试点工作提供司法上的便利。当制度探索成熟时，党和国家就需要对政策进行一定的修改，使政策具有更强的生命力，更加适应现实的需要。当条件成熟，该制度被固定下来时，前期的政策可能需要废除，新的政策需要重新制定出来。这就反映出政策的临时性特征。这些临时性的政策内容不一，以司法政策为例，既有对法律法规的进一步实施的规定，也有对法律法规的变通性规定，还有上文所提及的制度探索的创新性规定。

在这一时期，法律执行过程中人民法院更关注人权维护。例如，1982年最高人民法院、最高人民检察院作出的《关于审理强奸案件应慎重处理被害人出庭问题的通知》，特别提及要注意防止被害人的名誉和其他人身权利继续遭受侵害。1979年《刑事诉讼法》和1984年由中共中央宣传部、最高人民法院、最高人民检察院、公安部、司法部联合发出的《关于严防反动报刊利用我处决犯人进行造谣诬蔑的通知》中都有关于执行死刑不应示众的规定，但极少数地方仍有押解死刑罪犯执行时采取插签游街示众的做法。1986年，最高人民法院、最高人民检察院、公安部、司法部联合制定《关于执行死刑严禁游街示众的通知》，要求必须坚决纠正这种不符合社会主义文明要求的行为。1991年3月18日，最高人民法院研究室关于如何理解"审判的时候怀孕的妇女不适用死刑"问题作出电话答复：在羁押期间已是孕妇的被告人，无论其怀孕是否属于违反国家计划生育政策，也不论其是否自然流产或者经人工流产以及流产后移送起诉或审判期间的长短，仍应执行我院（83）法研字第18号《关于人民法院审判严重刑事犯罪案件中具体应用法律的若干问题的答复》中对第三个问题的答复，即"对于这类案件，应当按照刑法第四十四条和刑事诉讼法第一百五十四条的规定办理，即：人民法院对'审判的时候怀孕的妇女，不适用死刑'。如果人民法院在审判时发现，在羁押受审时已是孕妇的，仍应依照上述法律规定，不适用死刑。"为保证律师能够顺利执行职务，做好出庭参加诉讼的工作，以维护法律的正确实施，维护诉讼当事人的合法权益，1981年4月27日，最高人民法院、最高人民检察院、公安部、司法部联合发布了《关于律师参加诉讼的几项具体规定的联合通知》，对律师参与的查阅案卷、会见在押被告人等问题进行了具体规定。这些都为我国法律体系的完善做了有益的探索。

三、司法改革探索期（1997—2006年）

经历了20世纪90年代的严打、整顿之后，90年代末，社会秩序明显趋于和缓，较为严重的犯罪数量下降，国家进入稳步发展时期。此时，发展是第一要义。在前一时期，严厉的司法政策帮助国家及时稳定住了社会的局势，这一时期的司法政策相应地总结以往的经验教训，开始为新时期的国家发展服务。1997年，中国共产党第十五次全国代表大会召开，会议提出，依法治国是党领导人民治理国家的基本方略，是发展社会主义市场经济的客观需要，是社会文明进步的重要标志，是国家长治久安的重要保障，并首次提出"要推进司法改革"。1999年，最高人民法院发布"五年改革纲要"，司法改革全面铺开。

（一）刑事司法政策

1997年，修订后的《刑法》经第八届全国人民代表大会第五次会议通过，其中明确规定了罪刑法定原则，禁止类推。为贯彻实施这一重要原则，1997年9月22日，最高人民法院发布《关于依法不再核准类推案件的通知》，要求1997年10月1日修订后的《刑法》实施之后，各级人民法院一律不再适用修订前的《刑法》第79条的规定向最高人民法院报送类推案件。

20世纪90年代中期，走私犯罪非常猖獗。据全国打私办的统计，1996年1月至1997年6月，全国共查获走私贩私案件20908件，走私物品价值约人民币155.2亿元。其中，企事业单位走私尤为突出，占查获总值的84.4%。更为严重的是，一些地方的党政机关也参与走私，部分行政执法部门执法犯法，与犯罪分子内外勾结。为此，中央要求进一步加强反走私工作，尽快扭转这一严重局面。为进一步做好反走私斗争中的审判工作，1997年7月23日，最高人民法院制定并发布《关于严厉打击走私犯罪的通知》，要求各级法院充分认识走私犯罪的严重危害性，增强打击走私犯罪的责任心；充分发挥审判的职能作用，进一步强化打击力度；加强协作配合，及时依法惩处走私犯罪；认真抓好大案要案的审理，推动反走私斗争深入进行；加强宣传，扩大打击声威。

20世纪90年代中期，以法轮功为代表的新生邪教活动猖獗，甚至将邪教教义与政治诉求相关联，引起党中央的高度重视。1999年10月，全国人大常委会通过了《关于取缔邪教组织、防范和惩治邪教活动的决定》，对邪教组织的性质和危害、对防范和惩治邪教组织和犯罪活动作出了明确规定。1999年，最高人民法院、最高人民检察院发布《关于办理组织和利用邪教组织犯罪案件具体应用法律若干问题的解释（一）》，主要针对法轮功等邪教组织围攻党政机关、非法聚集和通过自残对政府施压等情形的法律适用问题作了具体规定。2001年，最高人民法院、最高人民检察院发布《关于办理组织和利用邪教组织犯罪案件具体应用法律若干问题的解释（二）》，重点对邪教活动中制作、传播宣传品的行为进行了量化规定。这些文件的出台，为办理邪教组织犯罪案件提供了具体的法律依据，对于依法严厉打击邪教组织特别是"法轮功"邪教组织，维护社会稳定，保护人民利益，保障改革开放和社会主义现代化建设顺利进行，具有十分重要的意义。

经过对前期"严打"政策的反思，在早年"惩办与宽大相结合"这一政策的基础上，"宽严相济"的刑事司法政策初步成形。2004年，中央政法工作会议明确提出，实行"宽严相济的刑事政策"。在2005年12月5日至6日召开的全国政法工作会议上，罗干同志指出："宽严相济的刑事政策指对刑事犯罪区别对待，做到既要有力打击和震慑犯罪，维护法制的严肃性，又要尽可能减少社会对抗，化消极因素为积极因素，实现法律效果和社会效果的统一。"比如，前述最高人民法院、最高人民检察院出台的《关于办理组织和利用邪教组织犯罪案件具体应用法律若干问题的解释（二）》就明确了对首要分子坚决依法打击和对被蒙蔽练习者宽严相济的区别对待：人民检察院审查起诉邪教案件，对于犯罪情节轻微，有悔罪表现，确实不致再危害社会的犯罪嫌疑人，根据《刑事诉讼法》第142条第2款的规定，可以作出不起诉决定。人民法院审理邪教案件，对于有悔罪表现，不致再危害社会的被告人，可以依法从轻处罚；依法可以判处管制、拘役或者符合适用缓刑条件的，可以判处管制、拘役或者适用缓刑；对于犯罪情节轻微不需要判处刑罚的，可以免予刑事处罚。2006年的最高人民法院、最高人民检察院报告明确指出实行"宽严相济"的刑事政策。这一政策直到今天仍然发挥着重要的作用。

（二）民事司法政策

1. 应对"执行难"

从20世纪80年代后期开始，随着我国改革开放不断深化，经济社会发展日趋活跃，诉讼案件数量大幅增长，一些生效法律文书得不到执行，这种现象被称为"执行难"，执行不了的法律文书就成为"法律白条"。当时执行难问题主要存在于民事领域，在民事领域中又以经济纠纷为多。其原因主要在于，执行案件激增但执行人员少，工作条件差；很多被执行人法治观念薄弱，无视法院判决，阻碍法院执行，甚至牵扯一些领导干部和单位干扰法院执行；相较以前，案件类型更为复杂，法院执行能力不足，等等。执行难成为群众反映强烈，社会各界关注度高的棘手问题，大量生效法律文书得不到执行。这严重损害胜诉当事人的合法权益，也减损了法律权威和司法公信力。其中，非常恶劣的情况是，一个时期人民法院执行工作中屡屡发生暴力抗法事件，有的辱骂、威胁、非法拘禁、围攻、殴打、伤害执行人员；有的拦截、毁坏执行车辆，抢夺执行卷宗和被执行的财物；有的聚众哄闹、冲击执行现场，阻挠执行。这些情形严重损害了法律的尊严和权威，破坏了执行工作的正常开展。1998年6月3日，最高人民法院通报了几起严重暴力抗法事件，但此类事件仍不断发生，且有愈演愈烈之势。为减少或避免暴力抗法事件的发生，1998年8月3日，最高人民法院发布《关于在执行工作中正确处置暴力抗法事件的紧急通知》，要求各级法院坚决维护法律的权威，生效的法律文书必须依法执行。该通知要求，人民法院应树立政治意识、大局意识、责任意识，对于可能引发群体性矛盾激化的案件以及一些敏感案件的执行，要慎之又慎，在当地党委的领导下，在当地人大、政府的支持下，妥善办理。同时，为全面强化执行效率、规范执行行为、保证在执行程序中正确适用法律、及时有效地执行生效法律文书、维护当事人的合法权益，1998年6月11日，最高人民法院出台《关于人民法院执行工作若干问题的规定（试行）》，对执行机构的具体职责、执行管辖、执行的申请和移送、执行前的准备和对被执行人财产状况的查明、金钱给付的执行、交付财产和完成行为的执行、对案外人异议的处理、被执行主体的变更和追加、执行担保和执行和解、多个债权人对一个债务人申请执行和参与分配、对妨害执行行为的强制措施的适用、执行的中止、终结、结案和执行回转、执行监督等十几个方面的问题作出了全面细致的规定，对缓解执行难问题起到了积极作用。

"执行难"问题原因复杂，单一文件的出台并不足以彻底解决该问题。之后，最高人民法院又多次出台相关文件，致力于解决执行难问题。2009年10月，第十一届全国人大常委会第十一次会议上，与会委员和代表们认为，各级法院开展大规模集中清理执行积案活动，执行工作取得了明显成效，但是"执行难"问题仍未从根本上得到解决，执行工作面临的任务更加艰巨。委员和代表们还就加强执行队伍建设、提高执行工作规范化水平、完善综合治理执行难的工作格局、推进社会诚信体系建设、加大执行救助力度和改进执行统计工作提出了一些具体的意见和建议。最高人民法院发布的《关于认真贯彻落实全国人大常委会审议意见进一步做好人民法院执行工作的通知》中要求各级法院狠抓规范执行，加大执行强度，狠抓队伍建设，狠抓执行信访，狠抓执行环境的优化，多措并举，积极应对执行难问题。此后司法政策中对调解的重视，也与关注执行后果密切相关。

在改革开放的新形势下，为保证经济审判工作始终围绕着党和国家的中心任务和工作大局开展，坚持为经济建设服务，为建立社会主义市场经济体制提供司法保障和服务的指导思想，1998年11月23日，最高人民法院发布《关于当前经济审判工作应当注意的几个问题》，对当时人民法院经济审判工作中需注意的一些问题作出了细致规定，其主要内容包括：积极慎重处理国有企业改制过程中出现的各类纠纷；严格掌握企业破产试点政策，严防变相整体转让企业的情况发生；在国家整顿金融秩序，清理"金融三乱"，关闭资不抵债金融机构的过程中，认真处理关闭金融机构，涉及农村合作基金会、乱集资等方面的问题；涉农案件中依法保障党的农村基本政策的落实，维护农村大局的稳定，维护党的农村政策的长期稳定性，要坚持保护农村集体经济组织利益和保护农民利益的统一，坚持审判的法律效果与社会效果的统一。同时，担保法实施以来，各级法院在审判实践中遇到了大量法律适用问题，《关于当前经济审判工作应当注意的几个问题》文件对一些存在争议的问题，诸如如何处理保证期间约定不明、担保法适用的时间效力、非自愿签订保证合同的效力等进行讨论，为司法解释的出台做了充分准备。

2. 调整夫妻财产制度

在这一时期，另一项值得关注的变化是关于夫妻财产制度的司法政策。我国自1950年《婚姻法》采取婚后所得共同制之后，夫妻财产制度此后经历了多次变化。1950年《婚姻法》第10条规定，夫妻双方对于家庭财产有平等的所有权与处理权。第23条规定，离婚时，除女方婚前财产归女方所有外，其他家庭财产如何处理，由双方协议；协议不成时，由人民法院根据家庭财产具体情况、照顾女方及子女利益和有利发展生产的原则判决。如女方及子女分得的财产足以维持子女的生活费和教育费时，则男方可不再负担子女的生活费和教育费。1980年《婚姻法》第13条规定，夫妻在婚姻关系存续期间所得的财产归夫妻共同所有，双方另有约定的除外。夫妻对共同所有的财产，有平等的处理权。1984年8月30日，最高人民法院出台的《关于贯彻执行民事政策法律若干问题的意见》第12条规定，婚前的个人财产和双方各自所用的财物，原则上归个人所有。在婚姻关系存续期间，夫妻各自或共同劳动所得的收入和购置的财产，各自或共同继承、受赠的财产，都是夫妻共同财产。婚前财产与婚后财产无法查清的，或虽属婚前个人财产，但已结婚多年，由双方长期共同使用、经营、管理的，均可视为夫妻共同财产。夫妻共同财产的分割，除另有约定的按约定处理外，应由双方协商，如协商不成，可根据共同财产的实际状况，结婚时间的长短，生产、生活的实际需要，以及财产的来源、数量等，合理分割。未成年子女的财产由负责抚养的一方代为管理。根据这一规定，1991年1月28日，最高人民法院作出《关于原属于夫妻一方婚前个人的房产婚后夫妻双方长期共同生活使用的应视为夫妻共同财产的函》，认为对于一方婚前所有的财产，如婚后双方共同生活达到一定期限的，视为夫妻共同财产。

从以上规定可以看出，相较于1950年《婚姻法》，1980年《婚姻法》及相关司法政策对财产约定的规定，使得夫妻财产范围更加清晰，夫妻财产制度更具合理性和灵活性。此后，婚姻法中关于夫妻财产制度的规定更受关注。这不仅是因为这项规定调整社会关系范围广泛，更重要的原因在于，随着社会发展，人们的思想、生活方式都发生了深刻变化，我国妇女经济能力发生了很大变化，家庭财产日益多样、丰富，财产关系更为复杂，人们对个人权利、价值更为重视。2001年《婚姻法》规定了更为复杂的夫妻财产制度，其中个人财产的范围更广。修订后的《婚姻法》实施后，实践中有一些法律适用问题迫切需要解决。2001年12月，最高人民法院出台《关于适用〈中华人民共和国婚姻法〉若干问题的解释（一）》，对婚姻法适用中的一些程序性和亟须解决的问题作出规定。这一司法解释明确了有配偶者与他人同居如何理解和适用；家庭暴力的含义及与虐待的关系；补办结婚登记的效力及认定；婚姻法新增加的无效婚姻和可撤销婚姻的请求权主体及有关具体操作；探望权行使的主体范围，探望权中止行使、恢复行使等问题。夫妻财产制度是婚姻制度中的重要内容，此司法解释不仅明确规定夫妻之间可以就财产问题进行约定，还规定了应属夫妻共同财产和归夫或妻一方所有的财产的范围，这与以前的规定有所不同。

2003年12月4日，最高人民法院出台《关于适用〈中华人民共和国婚姻法〉若干问题的解释（二）》，于2004年4月1日起施行。其中第24条规定："债权人就婚姻关系存续期间夫妻一方以个人名义所负债务主张权利的，应当按夫妻共同债务处理。但夫妻一方能够证明债权人与债务人明确约定为个人债务，或者能够证明属于婚姻法第十九条第三款规定情形的除外。"最高人民法院有关负责人在答记者问时指出，第24条的规定，秉承了婚姻法的原则和精神，是严格限定在现行法律规定范围内对法律适用问题作出的解释，没有超越现行法律规定。这也是最高人民法院制定司法解释时历来遵循的工作原则。❶

在这一时期，司法实践中夫妻常以不知情为由规避债权人，通过离婚恶意转移财产给另一方，借此逃避债务。针对这一现象，最高人民法院结合经济社会生活和司法实际情况，按照法律规定的内在逻辑性、举轻以明重的解释方法，确定了第24条的表述。随后的实践表明，这一司法解释出台后，"假离婚、真逃债"、破坏交易安全的社会现象受到遏制，市场秩序得到有效保护。同时，在实施过程中这一条文也受到不少非议。有观点认为这一规定与婚姻法精神相悖，过分保护债权人利益，损害了未举债配偶一方的利益。尤其是实践中存在一些更为恶劣的现象，如将高利贷、赌

---

❶ 《最高法就"婚姻法司法解释（二）"有关问题答记者问》，http：//www.scio.gov.cn/xwfbh/qyxwfbh/Document/1543652/1543652.htm。最后访问日期：2022年6月17日。

博、非法集资、非法经营、吸毒等违法犯罪行为形成的所谓债务以夫妻共同债务名义，裁判由不知情配偶承担，甚至夫妻一方利用该条规定勾结第三方，坑害夫妻另一方等，造成不良社会影响。经过多方考虑，最高人民法院在 2017 年 2 月 28 日公布《关于适用〈中华人民共和国婚姻法〉若干问题的解释（二）的补充规定》和《关于依法妥善审理涉及夫妻债务案件有关问题的通知》，补充增加了两款规定，分别作出了对虚假债务、非法债务不受法律保护的规定。这既进一步表明了最高人民法院对虚假债务、非法债务否定性评价的鲜明立场，也是对婚姻家庭领域新情况、新问题的最新回应。最高人民法院明确提出，在认定夫妻一方所负债务是否为夫妻共同债务时，应注意根据民间借贷司法解释规定的诸多因素综合判断。

此后，在房价上涨、不动产增值背景下，如何处理离婚财产分配问题成为亟待解决的问题。2011 年，最高人民法院出台《关于适用〈中华人民共和国婚姻法〉若干问题的解释（三）》，主要针对审判实践中亟须解决的一方婚前贷款所购不动产性质的认定、父母为子女结婚买房、结婚登记瑕疵处理、一方个人财产在婚后的收益等问题作出解释。在社会生活中，男性买婚房的情况为多，社会上曾有一些争议认为这一解释对女性财产权保护不足，这可以说是一种误解。夫妻财产制度的演变，是在社会发展、人们婚姻观念改变，更为关注个人价值和个人权利背景下的必然选择。

（三）司法改革政策

1997 年 9 月 12 日，江泽民同志在中国共产党第十五次全国代表大会的报告中提出，"推进司法改革，从制度上保证司法机关依法独立公正行使审判权和检察权"。推进司法改革的具体措施成为这一时期司法政策的重要内容。

1. 司法为民

1998 年 12 月 2 日，时任最高人民法院院长肖扬在全国高级法院院长会议讲话中提出，1999 年全国法院审判工作的主要任务是：以邓小平理论为指导，认真贯彻落实党的十五大和十五届三中全会精神，牢固树立大局意识、公正意识、效率意识、廉政意识,严格执行法律和政策,全面推进各项审判工作,不断提高司法水平,为改革开放和社会主义现代化建设提供有力的司法保障和良好的服务。1998年12月24日,最高人民法院出台的《关于人民法院接受人民代表大会及其常务委员会监督的若干意见》规定,各级人民法院应当深刻认识接受人大及其常委会监督的重要意义,采取多种形式,开辟多种渠道,自觉、主动地接受人大及其常委会的法律监督和工作监督,严格依法办事,维护司法公正,完成宪法和法律赋予人民法院的审判任务。

为了贯彻和落实好司法为民,司法机关提出应该保障司法公正和效率。在1999年的最高人民法院工作报告中,最高人民法院提出要树立公正意识和效率意识,多举措保障司法的公正和效率,使司法充分地为人民服务。2001年,最高人民法院把公正和效率作为法院21世纪的工作主题之一。时任最高人民法院行政庭庭长江必新法官认为,在修订司法解释时,工作组贯彻和落实的主要指导思想为"加大对行政管理相对人诉权的保护力度;确保了人民法院独立公正、合法有效地行使审判权;保障行政机关依法行使职权,提高行政机关的效率;保证行政审判的法律效果与社会效果的统一"。[1] 2003年,最高人民法院在全国高级人民法院院长座谈会上提出了23项司法为民的具体举措,要求各级人民法院参照执行的同时,针对人民群众反映强烈的焦点、热点问题,紧密结合各地实践情形,针对司法大检查中查出来的问题,制定出本院贯彻落实司法为民、扎扎实实为人民群众办实事的具体举措。2003年12月2日,最高人民法院发布《关于落实23项司法为民具体措施的指导意见》,其中涉及群众来信来访、再审、及时审结、民事案件繁简分流、诉讼调解、巡回流动办案、保障群众诉讼权利义务、超期羁押、诉讼费用减免、执行、少年法庭建设、少数群体权利保护、涉农案件、公开审判、法官职业行为约束等多方面内容。这一指导意见进一步丰富和发展了司法为民的思想,正确地把握了司法与为

---

[1] 高绍安:《加强行政审判促进依法治国——全国法院行政审判工作会议综述》,载《法律适用》2000年第1期。

民服务的内在联系，平衡了严格司法与文明司法的复杂关系，体现了司法为最广大人民群众根本利益服务的本质特征。

1999年1月27日，最高人民法院发布《关于进一步加强法院信访工作的通知》。该通知指出，维护社会稳定是人民法院工作的政治任务，要求各级法院必须从讲政治的高度进一步增强做好信访工作的使命感和责任感，坚决贯彻落实中央政法工作会议精神，充分发挥审判职能作用，积极参与社会治安综合治理，全力维护社会政治稳定，为改革和发展创造良好的社会环境。各级人民法院要立即对本院的信访工作做一次认真的检查和研究，针对存在的问题和薄弱环节切实加以改进，高度重视并及时处理好集体上访。各级人民法院和最高人民法院各单位要切实负起责任，实行信访工作领导责任制，一级抓一级，层层抓落实。各级人民法院要高度重视信访队伍建设。

1999年3月10日，最高人民法院制定《关于开展"审判质量年"活动的通知》。该通知要求，开展"审判质量年"活动，必须紧紧围绕司法公正这条主线，认真执行宪法和法律，坚持以事实为根据，以法律为准绳，进一步提高办案质量，做到实体裁判公正，办案程序合法，裁判文书规范。

2000年3月1日，最高人民法院出台《关于充分发挥审判职能作用为经济发展提供司法保障和法律服务的意见》。该意见指出，为适应经济和社会发展的深刻变化，人民法院必须加快审判方式、审判组织、审判管理、内设机构和人事制度等方面的改革，向改革要效率，以改革促公正，优质高效地完成各项审判和执行工作任务。在中国即将加入世贸组织的特殊时期，要特别注重了解和掌握世贸组织的各种运作规则，分析和研究今后涉外经济纠纷案件的热点和难点，并制定司法对策，加强专家型法官的培训。同时，在深化国有企业改革和农村改革，进行产业结构性调整过程中，针对下岗职工生活困难、农民负担过重、收入减少等社会问题，最高人民法院要求发挥司法手段的特殊作用，积极稳妥地审理和执行好涉及人民内部矛盾特别是事关社会安定的群体性案件，保护人民群众的合法权益，有效地消除社会不稳定因素，是人民法院义不容辞的重大政治任务，是人民法院为经济和社会发展提供的最经常、最大量、最基础的司法保障和法律服务。2000年7月12日，最高人民法院审判委员会讨论通过《关于对经济确有困难的当事人予以司法救助的规定》，要求人民法院对于民事、行政案件中有充分理由证明自己合法权益受到侵害但经济确有困难的当事人，实行诉讼费用的缓交、减交、免交，使经济确有困难的当事人能够依法充分行使诉讼权利，维护其合法权益，确保司法公正。

2001年5月10日，最高人民法院发布的《关于加大治本力度预防和治理司法人员腐败现象的意见》指出："为了取得反腐败斗争的更大成效，今后一个时期，人民法院的反腐败工作，必须进一步加大从源头上预防和治理腐败现象的力度，明确目标，突出重点，采取措施，强化责任，狠抓落实，不断铲除滋生腐败现象的土壤和条件，以顺利实现党中央提出的反腐败工作的各项目标，确保人民法院严肃执法、公正裁判。"2003年5月13日，最高人民法院成立司法体制改革研究小组，司法改革的研究和探索逐渐深入。

2. 调解政策

我国1982年颁布的第一部《民事诉讼法》确立了"着重调解"的司法审判原则，以法律的形式及时规定了"调解"的司法政策。《民事诉讼法》第6条明文规定："人民法院审理民事案件，应当着重进行调解；调解无效的，应当及时判决。"同时，该法律还规定了人民调解委员会的设立："人民调解委员会是在基层人民政府和基层人民法院指导下，调解民间纠纷的群众性组织。人民调解委员会依照法律规定，根据自愿原则，用说服教育的方法进行调解工作。当事人对调解达成的协议应当履行；不愿调解或者调解不成的，可以向人民法院起诉。人民调解委员会调解案件，如有违背政策法律的，人民法院应当予以纠正。"为了保障调解的顺利进行，1982年《民事诉讼法》甚至专节规定了调解的程序、效力、适用范围等。根据该法的相关规定，调解可以适用于人民法院受理的民事案件。人民法院能够调解的，应当在查明事实、分清是非的基础上开展调解活动。人民法院在主持调解工作时，应当尽力追求当事人的互谅互让，达成调解协议。调解既可以由审判员一人主持,也可以由合议庭主持,主要根据案件复杂程度,视需要而定。为了保证调解的顺利达成,规定人民法院在调解时可以借助其他单位或群众的协助。但须注意,调解一定是建立在当事双方自愿的基础之上,如果当事人不愿进行调解,人民法院应当及时转入审判程序。也只有在自愿的条件下双方签订的调解协议书才对双方具有约束力,任何人不得出于任何目的强迫当事人双方或一方签订调解协议书。这些规定强调了调解的自愿性和事实基础,不可为了"和稀泥"罔顾事实或强迫调解,这是保障调解制度良性运作的关键。

1982年《民事诉讼法》实施后,调解在司法活动中广泛展开,不过实践中也出现了一些过度调解的情形。为此,1991年修改民事诉讼法时,对调解的相关规定作出了调整。1991年《民事诉讼法》言明了调解的"合法性原则",与"自愿性原则"一起构成了调解工作的两大原则。"人民法院审理民事案件,应当根据自愿和合法的原则进行调解;调解不成的,应当及时判决。"与此同时,"法院不再以法官的调解结案率作为评价和考核的指标,相反以当庭宣判率和裁判文书的质量来评价法官的工作成绩"[1]。调解制度在我国化解社会矛盾方面发挥了重要作用。但前期调解工作中存在一些违背当事人意愿的硬调解甚至欺骗调解现象,损害了当事人利益,给调解政策带来一些不好的影响。有学者对此时调解的司法政策衰落的原因进行了较为全面和具有代表性的概括,主要包括:司法政策、审判方式及法院评价机制的导向;程序设置中的问题;法官对调解的态度及能力;当事人方面对调解的意愿下降;法学界的普遍抨击;律师的作用;社会对司法和诉讼的过程期待过高。[2] 面对转型时期社会矛盾多发、纠纷数量急剧攀升、法院和信访部门案件压力沉重的局面,国家开始日益重视社会纠纷解决机制的构建,重新强调调解的意义,恢复人民调解建设。2002年9月16日,最高人民法院发布《关于审理涉及人民调解协议民事案件的若干规定》,肯定了人民调解协议的合同性质和约束力;24日,中共中央办

---

[1] 吴英姿:《法院调解的"复兴"与未来》,载《法制与社会发展》2007年第3期。
[2] 范愉:《纠纷解决的理论与实践》,清华大学出版社2007年版,第411-416页。

公厅、国务院联合转发《最高人民法院、司法部关于进一步加强新时期人民调解工作的意见》；司法部于 26 日发布《人民调解若干规定》，要求在村民委员会、居民委员会、企事业单位和行业协会中重建人民调解组织。

在 2003 年的全国高级法院院长会议上，最高人民法院提出"规范法院诉讼调解工作，提高诉讼效率和质量"，要求各级人民法院"进一步健全和规范诉讼调解程序，充分发挥调解解决纠纷的优势，切实保障当事人的诉讼权利"。为此，法院应当为当事人提供适当的场所，创造良好的调解环境。各级人民法院在诉讼调解时，应当恪守当事人自愿的原则，不得强制调解，不得以判压调，也不能以调解拖延办案。调解工作应当严格依照法律规定的程序进行，制作的调解协议应当合法，不得违反法律、法规的禁止性规定，也不能通过调解达成侵害国家、社会公共利益或者他人合法权益的内容。调解可以在民事诉讼过程中的任一阶段进行，当事人表示愿意调解时，法院应当及时主持调解工作，不得以调审分离为由拒绝当事人调解的正当请求。

2004 年，最高人民法院为了保证人民法院正确调解民事案件，及时解决纠纷，保障和便利当事人依法行使诉讼过程中享有的各种权利，在规范操作调解工作的同时节约司法资源，制定和公布实施了《关于人民法院民事调解工作若干问题的规定》。该规定涉及调解工作的众多方面，提供了各级人民法院调解工作的操作指南。这一时期的一起典型案件是，2004 年 5 月 8 日，最高人民法院审结郑州金辉实业有限公司与中共河南省委办公厅机关服务总公司、河南省豫发实业总公司联合建房、有偿使用合同纠纷上诉案。该案以调解方式结案，妥善处理了中共河南省委与企业之间的纷争。2004 年 8 月 18 日，最高人民法院发布《关于人民法院调解工作若干问题的规定》，确定了"能调则调，当判则判，调判结合，案结事了"的诉讼调解 16 字方针。2005 年，中央政法委也提出，"衡量法院工作好不好，案结事了是标准"。从此，这 16 字方针成为人民法院调解工作的指导方针。调解政策是构建社会主义和谐社会的重要司法工具，这 16 字方针进一步规范了调解工作，正确把握了调解和审判的关系，经受住了考验，对法院的调解工作起到了很好的指导作用。

（四）小结

与以往司法政策不同的是，这一时期的司法政策开始侧重于超越部门法对司法制度或司法工作作出整体安排和部署。这一方面反映了我国司法机关能力的提升，另一方面体现了我国司法新时期的时代任务。在这一阶段，社会主义和谐社会目标的提出，要求司法机关在司法过程中为和谐社会的创建发挥司法上的功效。为此，人民法院调整了这一时期的司法政策，强调从各个方面助力和谐社会的构建。这些目标的完成，并非关涉某一部门法，而是直接关乎所有法律部门，这就要求人民法院从每一个部门法领域做起，宏观调控方向。

时任最高人民法院院长肖扬在2001年1月3日召开的全国高级法院院长会议上指出，公正与效率是21世纪人民法院的工作主题。为实现公正与效率这一主题，审判机关必须全面做好加强审判工作、狠抓队伍建设、推进法院改革这三件大事。实现司法公正，是提高司法公信力的重要举措。只有让人民群众在每一个案件中感受到司法的公正、正义，人民才能对司法满意。如果司法久拖不决，当事人不仅会认为司法工作者没有很好完成司法工作，对司法工作者的能力产生怀疑，而且还会导致人民对司法性质的质疑，从而降低司法的可信度。此外，久拖不决也是对司法资源的浪费。这一时期，最高人民法院准确把握了历史时机，对当时司法形势作出了正确的判断。此外，司法改革政策的出台多采取试点试验的方式，这也体现了我国司法改革探索期"摸着石头过河"的经验智慧。

四、司法改革深入期（2007年至今）

2007年4月2日，最高人民法院司法改革研究小组成立，这是我国深化司法改革的重要举措。2007年10月，"深化司法体制改革"被写进了党的十七大报告，这标志着司法改革进入重点深化、系统推进的新阶段。进入司法改革深入期，说明司法改革过程中较为简单、基本的问题已经得到解决，摆在当前司法工作面前的是更为严峻、复杂的问题。面对新时期的严峻形势、复杂任务，司法机关制定出了更具针对性的司法政策。

（一）服务保障型司法政策

在社会发展过程中，司法机关作为掌握司法权的主体，对党和国家的方针政策制定和实施有较高的参与度。一方面，司法机关积极参与国家大政方针的制定，为国家发展出谋献策；另一方面，司法机关通过特有途径在司法领域落实国家和党的方针政策，为国家发展提供司法服务保障。司法机关会通过制定司法政策来把控、调整司法方向，使其与国家总体发展方向相一致。近些年，最高人民法院出台了许多贯彻落实党和国家大政方针的司法政策文件，努力为国家经济、社会、文化、生态等各个方面提供司法服务和全面保障。

例如，以习近平同志为核心的党中央决定支持深圳建设中国特色社会主义先行示范区。最高人民法院为了深入贯彻落实党中央的决策部署，依法支持保障先行示范区的建设工作，结合司法工作实际，在反复调研论证和广泛征求意见之后，制定了《关于支持和保障深圳建设中国特色社会主义先行示范区的意见（2020）》。该意见共6部分33项条款，涵盖五个方面内容。第一，明确了人民法院支持保障先行示范区建设的总体思路。这一总体思路包括支持保障先行示范区建设的指导思想、工作原则、主要目标。第二，全方位提出了先行示范区建设的司法服务可以提供的保障措施。例如，指导意见提出优化营商环境司法保障机制、依法保护企业家合法权益、加大知识产权保护力度、深化破产制度改革创新、促进法治政府建设等内容，涉及要素市场化配置、市场化法治化国际化营商环境、民生问题、生态环境问题、城市文明建设问题等多方面举措。第三，创新人民法院改革的诸多举措。首先，人民法院需要与时俱进，坚持正确的指导思想，不断进行创新改革；其次，人民法院尤其是深圳法院需要在诉讼制度、司法责任制、审判专业化、人员分类管理等方面作出大胆探索。第四，提出人民法院改革试点的细化落实举措。在中共中央和国务院联合印发的《深圳建设中国特色社会主义先行示范区综合改革试点实施方案（2020—2025年）》中，人民法院参与了7项改革试点任务。对这7项改革试点工作，最高人民法院专门提出落实的具体方案和细化要求。第五，提出了相关组织保障措施。从加强党的建设、加强人才队伍建设、建立健全工作机制、大力营造改革氛围等方面提出了具体工作要求。

2017年，为了推进供给侧改革，实施创新发展战略，促进经济持续平稳健康发展，中共中央和国务院联合印发了《关于营造企业家健康成长环境弘扬优秀企业家精神更好发挥企业家作用的意见》。为了响应党和国家的号召，最高人民法院发布了《关于充分发挥审判职能作用为企业家创新创业营造良好法治环境的通知》。该通知着眼于深入贯彻党的十九大精神和意见的相关要求，充分发挥司法机关审判职能作用，使企业家合法权益依法得到平等保护，维护良好的企业家创新创业法治环境，对数十项内容专门作出规定，如依法保护企业家的人身自由和财产权利；依法保护诚实守信企业家的合法权益；依法保护企业家的知识产权；依法保护企业家的自主经营权；努力实现企业家的胜诉权益；切实纠正涉企业家产权冤错案件；不断完善保障企业家合法权益的司法政策；推动形成依法保障企业家合法权益的良好社会氛围；增强企业家依法维护权益、依法经营的意识等内容。

为了改善投资和市场环境，营造稳定公开透明、可预期的营商环境，为加快建设开放型经济新体制提供更加有力的司法服务和司法保障，最高人民法院发布了《关于为改善营商环境提供司法保障的若干意见(2017)》。为深入贯彻落实党的十九大精神，在习近平新时代中国特色社会主义思想引领下，促进"十三五"规划和《长江经济带发展规划纲要》的全面实施，充分发挥环境资源审判职能作用，为长江流域生态文明建设与绿色发展提供有力司法服务和保障，最高人民法院发布了《关于全面加强长江流域生态文明建设与绿色发展司法保障的意见》。众多类似司法政策体现了最高人民法院及时响应党和国家的号召，为国家、社会的发展提供全方位的司法服务和保障。

（二）指导审判型司法政策

我国宪法规定，我国各级人民法院是掌握审判权的机关。司法机关的职能是通过司法活动化解社会矛盾和社会纠纷，维护社会公平正义。这就决定了司法机关在司法实践中不仅要适用立法机关制定的各种法律，其他法定机关制定的法规等，还要根据相关授权依据实际情况制定司法解释、司法指导性文件等司法政策来指导具体司法活动。最高人民法院指导下级人民法院审判大致可以分为两种类型：针对司法审判的程序问题进行指导；针对司法审判的实体问题进行指导。

新冠肺炎疫情暴发后，为了保障人民群众的生命和健康，党和国家出台了一系列的疫情防控政策。最高人民法院响应党和国家的政策，也针对性地制定和发布了相关司法政策。2020年最高人民法院《关于依法妥善办理涉新冠肺炎疫情执行案件若干问题的指导意见》就是在这样的背景下出台的。该指导意见是为了贯彻落实党中央统筹推进新冠肺炎疫情防控和经济社会发展工作部署的会议精神，维护好人民群众在疫情防控特殊时期合法权益，保障社会和经济秩序，捍卫社会公平正义，对涉及新冠疫情的相关案件提出了一系列指导意见。该指导意见依照法律、司法解释相关规定，针对疫情防控执行案件作出了十项具体指导：依法中止申请执行时效；准确把握查封措施的法律界限；有效防止执行财产被低价处置；依法执行疫情期间减免租金的政策规定；强化应用执行和解制度；精准适用失信惩戒和限制消费措施；合理减免被执行人加倍部分债务利息；充分发挥破产和解、重整制度的保护功能；充分利用信息化手段推动执行工作。

2019年，最高人民法院《关于依法妥善审理高空抛物、坠物案件的意见》是针对高空抛物等问题司法审判的指导文件。近年来，高空抛物、高空坠物等事件屡屡发生，给人民群众的人身、财产带来非常大的不确定危害，严重侵害了公共安全，极大地影响了社会的和谐稳定。最高人民法院为了充分发挥司法审判的惩罚、规范、预防和教育功能，依法妥善审理好该类案件，切实维护人民群众"头顶上的安全"，制定并发布了这一意见。这一意见是根据刑法等相关法律制定出来的，针对该类案件审理提出四个方面内容：（1）加强源头治理，监督支持依法行政，有效预防和惩治高空抛物、坠物行为；（2）依法惩处构成犯罪的高空抛物、坠物行为，切实维护人民群众生命财产安全；（3）坚持司法为民、公正司法，依法妥善审理高空抛物、坠物民事案件；（4）注重多元化解，坚持多措并举，不断完善预防和调处高空抛物、坠物纠纷的工作机制。该意见共16条，对于人民法院审理该类案件具有指导作用。

2020年，最高人民法院为了统一法律适用，提升司法的公信力，制定并发布了《关于统一法律适用加强类案检索的指导意见（试行）》。"深化司法责任制综合配套改革、全面落实司法责任制，是新一轮司法体制改革的重要任务。健全完善类案检索机制，使在先案例成为法官作出裁判的参照或参考，是统一法律适用、促进公正司法的重要制度保障。"❶ 最高人民法院在调研中发现，类案检索的适用范围、检索主体及平台、检索范围、结果运用等方面仍然没有明确具体统一的相关规定，给人民法院在类案检索时带来了不必要的工作负担。因而，最高人民法院在认真总结各级法院有益经验的基础之上，研究制定了该指导意见，以此实现法律的统一适用。该指导意见共14项内容，涉及类案的释义、类案检索的适用范围、检索主体、检索范围、检索方式、检索结果等方面。这一指导意见为人民法院类案检索提供了具体的操作方案。

为了进一步保护和规范当事人依法行使行政诉权，2017年，最高人民法院制定和发布了《关于进一步保护和规范当事人依法行使行政诉权的若干意见》。行政诉讼法和立案登记制同步实施以后，各级人民法院依照法律的相关规定，进一步强化了当事人诉权保护的意识，发力解决立案难的问题。在人民法院的努力下，当事人的诉权得到了一定程度的保护。但是，阻碍当事人依法行使诉权的现象依然没有完全消除，一些当事人无法充分行使自己的诉权，也有一些当事人滥用自己的诉权。为了更好地保护和规范当事人依法行使诉权，合法合理引导当事人正当表达诉求，促进行政争议的真正化解，最高人民法院发布了这一意见。意见涉及两大方面，共17项内容，强调进一步强化诉权保护意识，积极回应人民群众合理期待，有力保障当事人依法合理行使诉权，正确引导当事人依法行使诉权，

---

❶ 《最高人民法院相关负责人就〈关于统一法律适用加强类案检索的指导意见（试行）〉答记者问》，https://m.thepaper.cn/baijiahao_8496405。最后访问日期：2022年2月11日。

严格规制恶意诉讼和无理缠诉等滥诉行为。该意见秉持有案必立、有诉必理的理念，在众多方面切实维护和保障了公民、法人和其他组织依法提起行政诉讼的权利。

（三）规范司法型司法政策

最高人民法院制定的司法政策除了提供服务保障、指导审判，还包括规范司法类型。与其他类型的司法政策不同之处在于，这类司法政策意在规范各级人民法院的司法行为。按照涉及的部门法领域可以将其细分为规范司法的刑事司法政策、民事司法政策和行政司法政策。

在规范司法的刑事司法政策方面，最高人民法院制定了宽严相济的刑事司法政策。2007年，作为贯彻宽严相济刑事政策的主要举措，最高人民法院收回了全部死刑案件的核准权。自此之后，只有最高人民法院有权核准死刑，这一举措避免了死刑的滥用，极大地保障了人权。2008年之后，最高人民法院大力推行量刑规范化改革，连续出台了多项规范性文件，促进了众多犯罪的量刑均衡和量刑公开公正。宽严相济刑事政策是惩办与宽大相结合政策在新时期的继承、发展和完善，是司法机关惩罚犯罪、预防犯罪，保护人民、保障人权的指南。最高人民法院为了更好地规范各级人民法院在审判工作中贯彻落实好宽严相济的刑事政策，制定了《关于贯彻宽严相济刑事政策的若干意见》。最高人民法院要求各级人民法院认真学习，充分认识到该意见对刑事审判工作的指导作用，提升司法行为的规范性程度。之后，最高人民法院针对一些具体案件制定并发布了《在审理故意杀人、伤害及黑社会性质组织犯罪案件中切实贯彻宽严相济刑事政策》，针对性地规范各级人民法院在这几类犯罪中的审判行为。

在规范司法的民事司法政策方面，司法政策主要表现为对人民法院调解工作的进一步规范化。在2008年之后，调解政策迎来了复兴的高潮。时任最高人民法院院长王胜俊在2009年最高人民法院工作报告中指出，人民法院要坚持"调解优先，调判结合"的原则，把调解贯穿于立案、审判、执行的全过程，坚持调解的优势地位。2009年，全国法院调解工作经验交流会召开，王胜俊在会上强调，"全面加强调解工作，是继承中华民族优秀文化和发扬人民司法优良传统的必然要求，是发挥中国特色社会主义司法制度优势的必然要求，是维护社会和谐稳定的必然要求"。❶ 为了调解工作的顺利进行，各级人民法院高度重视调解工作，着力研究提高调解水平的措施和办法；同时也加强对调解事务的培训，提高调解的工作能力。2010年，最高人民法院颁布了《进一步贯彻"调解优先、调判结合"工作原则的若干意见》，更加具体地指导各级人民法院的调解工作，使得调解工作的开展更加规范化。之后，最高人民法院不断总结调解工作过程中的问题和有益经验，及时通过规范性文件等方式向各级人民法院传达，提高了各级人民法院调解的能力。

在规范司法的行政司法政策方面，司法政策主要表现在保障行政诉讼的诉权和运行高效，提高行政诉讼的公正。在这一政策的指引下，人民法院实施了众多举措。2007年，最高人民法院颁布了《关于进一步发挥诉讼调解在构建社会主义和谐社会中积极作用的若干意见》，在行政诉讼中引入了调解。以往，调解主要适用于民事诉讼领域，较少或几乎并不适用于行政诉讼领域中。这一意见规定，"对行政诉讼案件、刑事自诉案件及其他轻微刑事案件，人民法院可以根据案件实际情况，参照民事调解的原则和程序，尝试推动当事人和解……不断探索有助于和谐社会建设的多种结案方式，不断创新诉讼和解的方法"。调解进入行政领域表明司法理念的进一步更新、工作方式的进一步完善，有利于行政诉讼中矛盾的和平化解，民事诉讼领域中的一些有益经验开始逐步进入行政诉讼领域。中共中央和国务院考虑到了行政争议的复杂性和矛盾性，于2006年联合发布了《关于预防和化解行政争议健全行政争议解决机制的意见》，提出了关于如何预防和化解行政争议的若干意见。最高人民法院发布了《关于加强和改进行政审判工作的意见》，共30项条款，涉及9个方面，主要包括：行政审判工作的基本经验和主要任务；积极探索行政案件处理新机制；准确适用法律规范，维护法制统一；建立司法与行政良性互动机制；重视加强对

---

❶ 陈永辉、吕爱哲：《王胜俊在全国法院调解工作经验交流会上强调 全面理解和正确把握"调解优先、调判结合"原则》，http://ncxfy.chinacourt.gov.cn/article/detail/2009/07/id/3301027.shtml。最后访问日期：2022年2月12日。

行政审判工作的领导;进一步加强行政审判队伍建设。2008年,最高人民法院为了规范行政诉讼撤诉问题,专门制定了《关于认真贯彻执行关于行政诉讼撤诉若干问题的规定的通知》,强调行政诉讼领域中的"案结事了""官民和谐"。

(四)小结

在该时期,最高人民法院为了贯彻落实党中央和国家的相应政策及提升司法审判水平等制定了多项司法政策,涵盖审判的多个方面多个领域,有效地发挥了司法政策的功能,使其充分为建设社会主义和谐社会、维护国家和人民根本利益服务。

其一,司法政策的呈现形式更为规范。从这一时期最高人民法院制定的众多司法政策内容来看,司法政策的形式更加规范化。这是由最高人民法院司法素质和法治素养不断提升和国家整体强调依法治国等原因所决定的。这些司法政策采取不同的形式,既有司法解释高度规范的形式,也有会议纪要、通知、指导性案例等较为规范的形式。这些规范化的司法政策充分显示了最高人民法院的司法能力,也使司法政策更加科学,更为合法合理,从而减少司法政策本身的合法性合理性瑕疵问题,有利于提升依法司法的水平和能力。例如,为了进一步规范和完善司法解释的相应工作,最高人民法院发布了《关于司法解释工作的规定》,将司法解释的形式规范为"解释""规定""批复""决定"四种。2021年,根据《人民法院组织法》《各级人民代表大会常务委员会监督法》和全国人民代表大会常务委员会《关于加强法律解释工作的决议》等有关规定,最高人民法院又对这一规定进行了修订。为了适应司法新形势的变化和提升司法的能力,最高人民法院决定增加司法解释的形式,新增"规则"这一种类型,将"规范人民法院审判执行活动等方面的司法解释"命名为"规则"。

其二,司法政策规范内容多样。从2010年起,最高人民法院每年都会发布由《人民法院报》编辑部评选出的本年度十大司法政策,一方面总结本年度所发布的司法政策,另一方面通过评选十大政策的方式进一步扩大司法政策的影响力。在评选出十大政策之后,最高人民法院还会邀请本领域权威的专家学者对这些司法政策进行讲解、点评。通过对这些司法政策的观察，我们可以发现，除了2010年最高人民法院聚焦评选涉及民生的十大政策之外，之后每年的司法政策内容都较为多样，既包括审判专业化建设，也包括落实党和国家公共政策，为国家发展提供服务保障，还包括进行制度创新与探索的众多司法政策，涵盖司法审判的方方面面。通过司法解释、会议纪要、通知等文件形式，最高人民法院全面指导各级人民法院贯彻落实党和国家的公共政策、为国家工作大局和社会经济发展服务、促进司法公正、推动社会法治进步。在最高人民法院多样化司法政策的指导下，各级人民法院的相应能力均有所提升，全社会的法治水平都有所提高。

其三，司法政策专业化色彩更为浓厚。从这一时期最高人民法院所发布的司法政策来看，司法政策的专业化色彩更为浓厚，更加强调各级人民法院在司法过程中行为的规范化。这一时期最高人民法院发布了众多的指导型的司法解释、司法文件，为各级人民法院审理相关案件、处理相关事项提供更加规范化的操作指南。例如，为了提升法律的统一适用，实现社会的公平正义，最高人民法院在充分调研和论证的条件下，结合我国作为成文法国家的制度特点，创立了指导性案例制度。各级人民法院在最高人民法院的指导下，积极开展相应的制度探索，发现了一些问题，积累了一些经验。最高人民法院针对这些实践中的问题，又对指导案例制度作了进一步的细化，从而使得该项制度更加完备，丰富了我国的法治体系，推进了个案正义的进一步实现。

整体来说，进入社会转型期之后，尤其是司法改革走向深入之后，司法政策在注重对司法制度运作的宏观调控的基础上，更为关注对司法行为进行程序性、技术性的微观引导。

第三章　十大司法政策及其适用

从 2011 年起，最高人民法院每年均会从上一年度所发布的司法政策中评选出十大司法政策。十大政策的评选标准每年都有所不同。从最高人民法院评选出的 2012 年度十大司法政策内容来看，该年十大政策评选的标准为：相应案例与法律实施中迫切需要解决的新情况、新问题最为密切，有利于加强对人民法院的监督指导，突出民生为本。2021 年十大司法政策是以"贯彻落实党和国家重大决策部署的高度和角度切入，以关注社会热点、回应人民群众关切、满足司法实践需求"为主要参考标准。从历年十大司法政策发布的文本来看，最高人民法院并不一定会说明评选的标准或入选的理由。有的十大司法政策会在正文之前附上说明性的文字，简要交代评选的标准、评选的背景、内容等，而有的十大司法政策的发布则开门见山，未说明这些事项。从中可以看出，十大司法政策的发布工作并不统一和制度化。

2011—2013 年十大司法政策的发布并没有充分说明入选的理由。相比之下，2014 年最高人民法院在发布十大政策时较为详细地说明了这些司法政策的入选理由，如最高人民法院《关于全面加强环境资源审判工作为推进生态文明建设提供有力司法保障的意见》的入选理由为"适法助力生态文明，建设美丽中国"。2015—2019 年最高人民法院发布的十大司法政策均以"上榜标签"的形式暗示了入选的理由，如最高人民法院《关于审理环境民事公益诉讼案件适用法律若干问题的解释》的上榜标签是"建立具有中国特色的环境民事公益诉讼制度"，这一上榜标签可以看成该司法政策入选的理由；又如最高人民法院《关于为京津冀协同发展提供司法服务和保障的意见》的上榜标签是"贯彻五大发展理念，以协同司法保障协同发展"，亦可看成该司法政策入选的理由。2020年十大司法政策的发布回归简约，直接列举评选出来的十项司法政策。2021年最高人民法院发布十大司法政策则是重新以标签的方式点出司法政策的名称或理由，发布更为规范。例如，最高人民法院《关于加强新时代未成年人审判工作的意见》的标签是"提高未成年人审判专业水平"。这一标签似乎是司法政策的名称，也似乎是该司法政策的入选理由，有些模棱两可。不过，就2021年十大司法政策而言，其内容导引似乎既是对该项司法政策的说明，也交代了该项司法政策的意义。通过对这些十大司法政策文本的对比分析，可以发现，十大司法政策的发布在文本方面还有一些可以改进的地方，如增加细致的背景交代、遴选过程、遴选目录、遴选标准、上榜理由等。

如前所述，司法政策具有一定的历史性和阶段性，各年司法政策是针对该年司法面对的问题、任务等制定的。不同的年度有不同司法问题和司法任务，与之相对应的司法政策也就有所不同。鉴于本书篇幅和本章主题，本章不再全面分析最高人民法院2011—2021年制定和发布的十大司法政策，而是仅以2021年发布的司法政策为蓝本展开分析，展示这十大司法政策的面貌，观察其在实践中的适用，探讨其现实意义。

在2021年度人民法院十大司法政策发布文本中，最高人民法院在列明十大司法政策之前以前言的方式交代了众多的信息。第一，评选时间和评选主体。2021年1月6日，由人民法院报编辑部评选出了十大司法政策。人民法院报编辑部一如既往地担任着司法政策评选的工作角色。第二，评选的对象和评选标准。2021年度十大司法政策是从60余件司法政策中评选出来的。这60余件司法政策采用合并同类项的方式可以归为21件，人民法院报编辑部再从这21件（或者说21类）司法政策中评选出最具有代表性的十件司法政策。第三，获选的十大政策分类。发布文本将获选的十大司法政策分为了十个类别，每一个司法政策代表一类，包括："以公正裁判引领社会风尚""提高未成年人审判专业水平""切实维护司法廉洁司法公正""保障刑事诉讼法准确有效实施""加强环境资源和生态保护""服务保障知识产权强国建设""加大力度惩治虚假诉讼""健全完善互联网司法新模式""保护人民群众'人脸'安全""加强减刑假释案件实质化审理"。第四，对文本中点评的交代。该部分内容交代了点评的由来、负责点评的主体。前言尽管字数寥寥，却交代得清清楚楚，这种方式更有利于公众对十大司法政策的了解，从而有利于贯彻和落实司法政策，也能体现司法工作的规范性。倘若缺少这一前言性的说明，则显得有些突兀，无法让"听众"准确理解十大司法政策的内涵和与司法政策相关的工作。2021年十大司法政策的发布文本较为规范，为以后的十大司法政策发布文本提供了范本。

一、以公正裁判引领社会风尚

公正是司法的基本要求。司法恪守公正的基本要求，有着广泛的意义。一方面，这是树立司法威信的重要途径，建设使人民群众满意的司法；另一方面，司法机关公正裁判，切实地带头守法、维护公正，有利于在全社会树立公正的良好风尚。为此，人民法院发布了众多保障司法公正的司法政策。

（一）司法政策内容

为了贯彻落实党的十九届五中全会和"法治社会建设实施纲要"，以公正裁判树立行为规则、引领社会风尚，最高人民法院制定并发布了《关于深入推进社会主义核心价值观融入裁判文书释法说理的指导意见》。一方面，这是人民法院进一步规范和加强裁判文书说理的指导性文件；另一方面，这也是人民法院积极践行和弘扬社会主义核心价值观，引导广大法官正确运用社会主义核心价值观释法说理，助力在司法领域践行社会主义核心价值观的指导性文件。

该指导意见共包含19项内容，关涉法官运用社会主义核心价值观释法说理的基本原则、基本要求、主要方法、重点适用案件、范围情形、适用方法、配套机制等。系统总结了人民法院既往司法审判过程中的经验和教训，详细地规定了运用社会主义核心价值观释法说理的方法等操作性规范，有利于指引法官的释法说理工作，降低操作难度。

（二）典型案例

2019 年，张某洪电话要约刘某怀将桂广公司所有的一批滑石粉运往他处。在卸货过程中，刘某怀不慎从车上跌落受伤。刘某怀向法院起诉，要求张某洪和桂广公司赔偿相应费用。一审法院根据相关法律法规的规定将本案所涉法律关系定性为义务帮工，认为就刘某怀受伤一事，现有证据无法证明帮工人刘某怀存在主观故意或重大过失，刘某怀的行为系善意的互帮互助。裁判文书中一审法官写道："最高人民法院印发的《关于深入推进社会主义核心价值观融入裁判文书释法说理的指导意见》〔法（2021）21 号〕倡导将社会主义核心价值观作为理解立法目的和法律原则的重要指引，并将其作为检验自由裁量权是否合理行使的重要标准。本案中，刘某怀出于对张某洪的善意，在现场人手不够的前提下，进行临时性的互帮互助，符合社会主义核心价值观的要求，值得提倡。"一审法院最终认定，张某洪与桂广公司承担对刘某怀的赔偿责任。两主体提起上诉。二审法院经审理，维持了一审法院对张某洪的责任认定，撤销了对桂广公司的责任认定。❶

（三）现实意义

近年来，最高人民法院为了贯彻落实党和国家提出的社会主义核心价值观，发布了众多司法政策。最高人民法院印发《关于深入推进社会主义核心价值观融入裁判文书释法说理的指导意见》后，又制定了《关于在司法解释中全面贯彻社会主义核心价值观的工作规划》等规范性文件，还先后发布了三批弘扬社会主义核心价值观的典型案例。这些举措，有利于指引和规范法官在司法裁判过程中适用社会主义核心价值观释法说理，从而让社会主义核心价值观在司法过程中焕发生命力。在所引案例中，法官通

---

❶ 刘某怀诉张某洪、江门桂广化工有限公司义务帮工人受害责任纠纷案，广东省江门市中级人民法院（2021）粤 07 民终 5381 号民事判决书。

过该指导意见进行释法说理，肯定了当事人践行社会主义核心价值观的行为，在一定程度上弘扬了社会主义核心价值观。从案例也可以看出，这一指导意见充分调动了法官在司法过程中运用社会主义核心价值观进行释法说理，发挥了司法裁判在国家治理和社会治理中的规则引领和价值导向的作用。

二、提高未成年人审判专业水平

未成年人是祖国的花朵，是社会主义事业的接班人。然而，由于面临诱惑、自控力弱等原因，未成年人可能误入歧途，实施犯罪。这类案件与成年人犯罪存在诸多不同。如何审理好该类案件，正确引导未成年人，成为司法工作中的一个难点。

（一）司法政策内容

2021年，最高人民法院制定并发布了《关于加强新时代未成年人审判工作的意见》，全面落实新修订的《未成年人保护法》和《预防未成年人犯罪法》。这一意见的制定，是最高人民法院努力做好未成年人权益保护和犯罪预防工作的表现。这一举措，有助于完善中国特色社会主义少年司法制度。

该意见聚焦未成年人审判工作，共包括7个部分、30项条款。在该意见的第一部分，最高人民法院介绍了新时代未成年人审判工作的重大意义，提倡对未成年人权益要坚持双向、双面保护。其他部分涉及探索加强未成年人审判机构的新路径、提出在少年法庭配备专门员额法官的新要求、建立新的未成年人案件司法统计指标体系、建立新的未成年人审判工作考核机制、推进未成年人审判的专业化。

（二）典型案例

深入贯彻最高人民法院该意见，河北省法院努力提升未成年人案件审判专业化水平，全面保护未成年人权益。河北省高级人民法院还专门发布了一批未成年人保护典型案例。例如，2019年7月，被告人汤某、曹某、张某、路某、王某在某超市内盗窃现金3000元、标价合计12755元的待售香烟、苹果手机一部，并且损坏了超市的卷帘门和玻璃门。同月，被告人曹某、路某、张某、汤某还在某镇路边盗窃一辆本田摩托车。同月，被告人曹某、汤某、荣某（另案处理）、潘某（另案处理）共同在某小区超市盗窃卷烟、牛奶等物品，损坏窗户玻璃等。被告人汤某因认识到行为的错误，于2019年8月投案自首。被告人汤某、张某、曹某、路某、王某也分别对被害人进行了相应的赔偿，取得了被害人谅解。法院认为，被告人窃取他人财物，数额较大，构成了盗窃罪。但由于其未满18周岁，加上有自首、认罪态度良好等量刑情节，且签署了认罪认罚具结书，最终从轻处罚。[1]

（三）现实意义

未成年人的健康成长，关系到家庭的幸福安宁、社会的和谐稳定、民族的发展未来。以习近平同志为核心的党中央高度重视未成年人健康成长问题，多次作出重要指示。人民法院处在治理和矫正未成年人犯罪的一线，理应发挥好司法的教育、矫正作用，帮助误入歧途的未成年人迷途知返。人民法院在未成年人案件审理中要始终坚持并贯彻落实"教育、感化、挽救"的方针，教育为主，惩罚为辅，帮助未成年人悔过自新、重返社会。这就要求人民法院一方面依法打击侵害未成年人权益的案件，号召全社会呵护未成年人、保护未成年人；另一方面，对未成年人犯罪寓教于审。在上述案例中，五名犯罪的未成年人都能及时认识到自己所犯的错误，主动进行退赃退赔，消除危害后果，其行为应当予以肯定。

三、切实维护司法廉洁司法公正

司法廉洁、司法公正是司法工作永恒的主题，司法机关应当时刻牢记

---

[1] 《河北省高级人民法院发布2021年度第二批未成年人保护典型案例》，载北大法宝网，https://www.pkulaw.com/lar/7d509c83731562c48f4aea6f8699eb62bdfb.html。最后访问日期：2022年2月13日。

为人民服务的原则，廉洁司法，维护司法的公正。

（一）司法政策内容

为严格执行《领导干部干预司法活动、插手具体案件处理的记录、通报和责任追究规定》《司法机关内部人员过问案件的记录和责任追究规定》《关于进一步规范司法人员与当事人、律师、特殊关系人、中介组织接触交往行为的若干规定》，最高人民法院于2021年制定并发布了《关于进一步强化日常监督管理 严格执行防止干预司法"三个规定"的意见》。该意见共4个部分23条具体内容，涉及防止内外部人员干预司法制度的众多方面。该意见强调，人民法院的司法廉洁工作应当以习近平新时代中国特色社会主义思想为指导，深入学习和贯彻习近平法治思想。该意见明确了哪些做法属于违规情形，包括"法院工作人员非因履行职责需要、未按法定程序或工作程序，为案件当事人及其关系人请托说情、打探案情、通风报信，邀请办案人员私下会见案件当事人及其关系人，为案件当事人及其关系人批转、转递涉案材料，过问他人正在办理的案件"等。对于这些违规情形，应当予以记录报告。该意见指出，要强化日常监督，防止消极懈怠。

（二）典型案例

2021年，河南省濮阳市人民检察院干警王某聚接受他人请托，向其在开封市某区人民检察院工作的同学打探案情，询问接受请托案件能否在法律允许范围内采取取保候审刑事措施。面对王某聚的请托说情、打探案情，其同学坚守法治底线，牢记相关规定，对此明确拒绝，并按照规定做好记录并上报。之后，王某聚过问案件信息的违法行为被发现，人民检察院对他进行了严厉的批评教育。❶

---

❶ 《通报6起干预司法活动、插手具体案件处理典型案件》，载人民网，https：//baijiahao.baidu.com/s？id＝17138131653154 88554&wfr＝spider&for＝pc。最后访问日期：2022年2月13日。

（三）现实意义

党的十八大以来，以习近平同志为核心的党中央高度重视在全社会内营造廉洁公正的社会风气，强调司法机关应当以身作则，对防止违规干预司法问题多次作出了重要批示指示，反复要求建立防止领导干部和司法机关内部人员干预过问案件的记录和责任追究制度，规范司法人员与当事人、律师、特殊关系人、中介组织等的接触交往。最高人民法院出台该意见，是对党和国家相关要求和政策的贯彻和落实。该意见结合了全国法院近年来在廉洁司法工作上的有益经验，针对新时期廉洁司法的新形势、新要求，作出了细致的规定。该意见使廉洁司法建设上升为工作机制，做好日常监督，防止腐败滋生，切实维护好司法公正。与以往不同，该意见层层压实责任，形成了落实廉洁司法的合力，将廉洁司法落到了实处。

四、保障刑事诉讼法准确有效实施

刑事诉讼法担负着惩罚犯罪和保障人权的双重使命，在很多国家被称为"小宪法"，它是在司法实践中具体运用刑法典的程序性法律，内容大多关乎人的基本权利。准确适用刑事诉讼法是公正司法的应有之义。

（一）司法政策内容

2018年，第十三届全国人大常委会第六次会议经决议通过了《关于修改〈中华人民共和国刑事诉讼法〉的决定》，对刑事诉讼法进行了修改。以往的司法解释相应地也需要予以修改。最高人民法院通过广泛地前期调研，反复论证，多次征求立法机关意见。在2020年的最高人民法院审判委员会第1820次会议上审议并通过了《关于适用〈中华人民共和国刑事诉讼法〉的解释》。该司法解释紧跟立法潮流，新增"认罪认罚案件的审理""速裁程序""缺席审判程序"三章，共增加了107条，修改了200多条内容。这一司法解释是最高人民法院有史以来条文数量最多的司法解释，也是内容最为丰富、最为重要的司法解释之一。这一司法解释的公布施行，有利于指导人民法院严格依照刑事诉讼法的相关规定正确履行审判职责，规范司法行为。

（二）典型案例

原告（宋某学）、被告（朱某）原系同事关系。2020年7月，被告在青岛市李沧区荣富达酒店304房间内与原告因为琐事发生口角。被告气愤之下将啤酒瓶摔碎，持碎啤酒瓶攻击原告，戳破原告颈部，致原告受伤。经法医鉴定，原告损伤程度构成重伤二级。2021年4月14日，青岛市李沧区人民法院依据新刑事诉讼法司法解释、民法典、侵权责任法等，作出（2021）鲁0213刑初32号刑事判决书，判决被告犯故意伤害罪，判处有期徒刑3年2个月，并作出相应赔偿。原告对赔偿数额不服，提起上诉。其理由在于2020年刑事诉讼法解释规定了"犯罪行为造成被害人人身损害的，应当赔偿医疗费、护理费、交通费等为治疗和康复支付的合理费用，以及因误工减少的收入，造成被害人残疾的，还应当赔偿残疾生活辅助器具费等费用"，而一审法院认定的残疾赔偿金不包含在赔偿范围内属于法律适用错误。二审法院对刑事诉讼法、2020年刑事诉讼法解释与民法典、侵权责任法等相关规定进行阐释，从而维持原判，驳回上诉。[1]

（三）现实意义

2020年刑事诉讼法司法解释，根据修订的刑事诉讼法规定，结合近年来司法实践反映出来的需求和现实问题，对2012年的刑事诉讼法司法解释进行了大幅修改完善。本次修改完善，有助于人民法院更加准确地理解新刑事诉讼法的相关规定，保证司法审判正确适用法律。新刑事诉讼法坚持以习近平新时代中国特色社会主义思想为指导，认真贯彻习近平法治思想，充分尊重和保障人权。值得关注的是，2020年刑事诉讼法司法解释明确规定，死刑缓期2年执行，二审案件一律开庭审理，这是进一步完善死

---

[1] 宋某学诉朱某健康权纠纷案，山东省青岛市中级人民法院（2021）鲁02民终15467号民事判决书。

刑案件审判程序的重要举措,有利于保证死刑案件审判质量,防止冤假错案,从制度上实现判决的公正和慎重。此外,认罪认罚从宽制度自实施以来取得良好效果,2020年刑事诉讼法司法解释也对认罪认罚从宽制度作出了相应规定,有助于贯彻落实认罪认罚从宽制度,推进认罪认罚从宽制度准确有效实施。

五、加强环境资源和生态保护

由于我国过去在一些领域依赖粗放型发展模式,给环境和生态带来了严重的问题,影响了人民群众对于美好生活的追求。党的十八大以来,以习近平同志为核心的党中央高度重视环境问题、生态问题,司法政策也有相应的体现和落实。

(一)司法政策内容

长江是我国的第一大河,流域面积广阔,涉及19个省份,是我国水资源配置的战略水源地、清洁能源战略基地、珍稀水生生物的天然宝库,在我国经济社会发展和生态文明建设中占有十分重要的战略地位。党和国家高度重视长江流域的生态环境保护问题,多次发布相关政策。为了贯彻党和国家的政策、正确适用《长江保护法》,最高人民法院制定和发布了《关于贯彻〈中华人民共和国长江保护法〉的实施意见》。该实施意见分为4个部分,共16条内容。第一部分为贯彻实施长江保护法的重要意义。第二个部分为长江司法保护的理念,包括:生态优先、绿色发展;统筹协调、系统治理;依法严惩、全面担责。第三部分为司法服务长江生态环境保护修复和高质量发展。在该部分,实施意见提出了司法为长江生态环境保护服务的具体措施,如"将水污染治理作为长江流域污染防治的重点,支持、监督行政机关依法开展水污染防治、监管等行政执法"等。第四部分为提升保障生态环境民生福祉的司法能力水平。

（二）典型案例

为了全面展示长江流域人民法院生态环境司法保护的工作成效，最高人民法院在发布《关于贯彻〈中华人民共和国长江保护法〉的实施意见》的同时，也发布了 10 个这方面的典型案例，涉及刑事案件、刑事附带民事公益案件、行政案件、环境民事公益诉讼案件、检察行政公益诉讼案件，涉及长江流域生态环境保护问题中的水污染、尾矿库治理、非法采砂、野生动植物保护等问题。例如，被告人李某根非法捕捞水产品刑事附带民事公益诉讼案。被告人李某根 2018 年 1 月至 2019 年 4 月，在明知扬州市江都区长江夹江流域属于禁渔期、禁止使用电鱼等捕捞方法的情形下，依然知法犯法，驾驶快艇，利用电磁波高频逆变器、带导线的抄网等工具自制电鱼工具，并使用该种电鱼的方式在夹江水域从事非法捕捞。经扬州市江都区渔政监督大队认定，李某根使用的电鱼工具属于《渔业法》规定的禁用捕捞方法。而且，根据原中华人民共和国农业部的规定，长江扬州段四大家鱼国家级水产种质资源保护区实施全面禁捕，扬州市江都区长江夹江流域即属于规定的禁渔区。江都区人民检察院依法对李某根提起刑事附带民事公益诉讼。在审理中，检察院与李某根就生态修复达成和解协议。一审法院根据案件情形，对李某根作出相应判决。[1]

（三）现实意义

该实施意见是准确理解和适用《长江保护法》的专门性规定，与《长江保护法》一道共同构成了保护和修复长江流域生态环境的重要规范。通过该实施意见，最高人民法院指导各级人民法院把生态环境的保护和修复放在压倒性位置，充分发挥审判职能作用，妥善审理各类环境资源案件，保护好长江流域生态系统，维护长江流域生物的多样性。各级人民法院应当坚持"绿水青山就是金山银山"的理念，依法准确适用刑事、民事、行

---

[1] 《最高人民法院发布〈关于贯彻《中华人民共和国长江保护法》的实施意见〉及长江流域生态环境司法保护典型案例》，载河南省高级人民法院网，http://www.hncourt.gov.cn/public/detail.php？id=184165。最后访问日期：2022 年 2 月 13 日。

政等各领域法律法规司法解释，利用好公益诉讼在生态环境保护中的重要作用，加大责任追究力度，让受损的生态环境得到全面修复，让敢于挑战法律的权威破坏长江生态环境的犯罪分子付出沉重的代价。但需要注意的是，对破坏生态环境分子的惩处，并非单纯为了惩处，而是将修复和保护放在第一位，引导违法犯罪者树立环境保护的理念。正如上述典型案例，检察院与刘某根达成了和解协议，该和解协议规定刘某根购买一定数量的鱼苗放生。这种做法值得鼓励和提倡。

六、服务保障知识产权强国建设

2021年，为了提升我国知识产权综合实力，大力激发全社会创新活力，建设中国特色、世界水平的知识产权强国，中共中央和国务院联合发布了《知识产权强国建设纲要（2021—2035年）》。该纲要为我国未来知识产权的发展指明了方向。

（一）司法政策内容

党的十八大以来，以习近平同志为核心的党中央高度重视知识产权保护工作，将知识产权保护工作放在更加突出的位置。全面建成社会主义现代化强国的第二个百年奋斗目标内在地要求我们更加重视知识产权。当前形势下，我国的知识产权保护工作并不尽如人意，使得知识产权得不到应有的保护，损伤了人们知识创新的积极性。为了深入贯彻落实党中央关于知识产权强国建设的重大决策部署，最高人民法院于2021年10月发布了《关于加强新时代知识产权审判工作为知识产权强国建设提供有力司法服务和保障的意见》等系列文件，全面助力知识产权强国建设。这一意见包括工作要求、公正司法、提升效能、深化改革4个方面，共20条政策措施，旨在保障新时代知识产权审判工作的正确进行。在总体要求方面，最高人民法院提出，人民法院"要牢牢把握加强知识产权保护是完善产权保护制度最重要的内容和提高国家经济竞争力最大的激励，确保新时代知识产权审判工作始终沿着正确方向前进"。在如何公正高效审理各类涉及知识产权案件方面，最高人民法院提出了九个方面的具体举措，充分发挥司法审判职能，包括科技创新成果、著作权和相关权利、商业标志、新兴领域知识产权、农业科技成果、中医药知识产权、商业秘密、反垄断和反不正当竞争、科技创新主体合法权益等。而在提升知识产权适法保护整体效能方面，最高人民法院指出了众多措施和方向，如加大对于知识产权虚假诉讼、恶意诉讼等行为的规制力度，防止行为人滥用知识产权、不利于知识产权市场的正常运行。在深化改革部分，最高人民法院强调加强审判机构建设、审判队伍建设、智慧法院建设，不断精进案件的审理，提高法院的信息化水平。

（二）典型案例

原告腾讯计算机公司是涉案五款游戏《英雄联盟》《穿越火线》《地下城与勇士》《逆战》《QQ飞车》的合法运营方和维权方，原告腾讯科技公司是《逆战》《QQ飞车》的共同权利人，二者共同起诉被告广州点云公司在未经腾讯公司授权的情形下，将上述游戏置于其云服务器中，供公众使用云游戏平台获得涉案游戏。而且，在点云公司提供的游戏页面，点云公司还在线销售"秒进卡""加时卡"来提供云游戏排队加速、加时的有偿服务等，限制用户获得原游戏链接，损害了腾讯公司的合法权益。人民法院对相关涉案行为的性质进行分析，最终认定点云公司的行为属于侵权行为，对腾讯公司的知识产权构成了损害，点云公司应当对腾讯公司作出相应赔偿。❶

（三）现实意义

本案系全国首例涉及5G云游戏著作权及不正当竞争的案件。本案的裁判进一步指出了著作权保护和反不正当竞争保护之间的界线，有利于营造促进创新竞争的市场环境。该案被选为保护知识产权的典型案例。在建

---

❶ 深圳市腾讯计算机系统有限公司等诉广州点云科技有限公司侵害信息网络传播权及不正当竞争纠纷案，杭州互联网法院（2020）浙0192民初1330号民事判决书。

设现代化强国过程中,知识产权的保护是必不可少的一项工作。保护知识产权就是保护创新,保护创新就是保护国家发展的活力。与西方发达国家相比,我国的知识产权保护工作较为逊色。这就决定了在发展过程中我国必须补齐这一短板,而知识产权与司法诉讼关系非常密切。如果人民法院无法妥善应对涉知识产权的诉讼,无疑将打击知识产权人的创新积极性,因而人民法院提升审理知识产权案件的专业水平有着现实重要性。最高人民法院发布的该文件,有利于指导各级人民法院在司法审判中公正合理保护知识产权,维护社会公平正义和知识产权权利主体的合法权益。

七、加大力度惩治虚假诉讼

以捏造的事实提起诉讼,通过欺骗司法机关达致某种目的,是虚假诉讼罪的表现形式。这种虚假诉讼的行为给司法秩序和相关当事人的权益带来巨大损害,同时也不利于司法权威的树立,人民法院应当予以严厉打击。

(一)司法政策内容

党的十八届四中全会通过了《中共中央关于全面推进依法治国若干重大问题的决定》。该决定指出,人民法院应当加大对虚假诉讼、恶意诉讼、无理缠诉行为的惩治力度。为了贯彻这一要求,最高人民法院先后制定了关于打击虚假诉讼的多个司法解释和司法规范性文件。这其中既有2018年最高人民法院与最高人民检察院联合发布的《关于办理虚假诉讼刑事案件适用法律若干问题的解释》,也有2021年最高人民法院联合最高人民检察院、公安部、司法部制定的《关于进一步加强虚假诉讼犯罪惩治工作的意见》和最高人民法院单独发布的《关于深入开展虚假诉讼整治工作的意见》。这些司法解释和司法规范性文件反映了最高人民法院对虚假诉讼的零容忍态度。

上述司法解释发布以来,实践中仍然存在虚假诉讼犯罪难以及时甄别、司法机关查办案件沟通机制不健全、民刑程序衔接不畅通等问题,因此,最高人民法院专门制定了《关于进一步加强虚假诉讼犯罪惩治工作的意见》。该意见包括总则、虚假诉讼犯罪的甄别和发现、线索移送和案件查处、程序衔接、责任追究、协作机制和附则7章内容,共29项条款。这一规范性文件对建立健全虚假诉讼犯罪惩治配合协作和民刑程序衔接机制、加强虚假诉讼犯罪惩治具有重要意义。

(二) 典型案例

被告人周某琼与邓某泉是夫妻关系。2015年3月,两人为逃避债务,与邓某泉同母异父的哥哥周某成签订借款协议书。周某琼通过其他被告人筹集到220万元资金,制造了周某成向周某琼转款220万元的银行流水记录,成功虚设了周某琼和邓某泉向周某成借款220万元的债权债务关系,并将名下两套房屋抵押给周某成。2018年,周某琼和邓某泉得知其二人被债权人起诉要求归还欠债时,为了保住财产,串通周某成以之前签订的借款协议书向法院起诉。在审理期间,几方达成民事调解,并予以执行。这一虚假诉讼的行为使得相关债权人的合法债权无法实现。案发后,检察机关以虚假诉讼罪等对相关人员提起公诉。人民法院经审理认定周某琼、邓某泉与周某成属于恶意串通,捏造债权债务关系提起诉讼,已经构成虚假诉讼罪,对其判处相应的刑罚。[1]

(三) 现实意义

实施虚假诉讼罪一般是为了转移财产,逃避本应依法履行的债务关系等。例如,上述案件即为虚假诉讼罪的典型情形,通过与他人合意,虚构债权债务关系,串通起诉。虚假诉讼罪是对诚信原则的背离,不仅对原应履行的债权人合法权益造成损害,而且利用司法逃避债务,损害了司法秩序和正当权威。在实践中,由于当事人的虚假诉讼合意具有较强的隐蔽性,有时很难发现和判断。最高人民法院发布的该规范性文件专门针对如

---

[1] 《四川省高级人民法院发布2021年度全省法院十大典型案例》,载北大法宝网,https://www.pkulaw.com/lar/e876813bbc83b6e7ae3ae008bd6305fdbdfb.html。最后访问日期:2022年2月13日。

何甄别虚假诉讼作出规定，有利于在实践中及时发现虚假诉讼，有效防范虚假诉讼，保障人民群众的正当诉权。

八、健全完善互联网司法新模式

自20世纪后半叶人工智能技术与法学结合理念提出以来，司法领域便由浅入深地享受着技术革命以来的红利，从线上互动咨询、文书生成到线下裁判文书智能送达到 AI 智能法官等技术的面世，司法与智能的耦合达到前所未有的深度与广度。司法如何利用好这一技术红利，构建更安全、高效的司法模式，是最高人民法院一直探索的问题。

（一）司法政策内容

为了深入贯彻习近平法治思想、践行网络强国战略，最高人民法院在2021年6月发布了《人民法院在线诉讼规则》。这一司法解释全面总结了近年来人民法院在线诉讼领域改革探索的相应有益经验，针对近年来人民法院在线诉讼领域出现的问题，成功构建了涵盖各审判领域、诉讼全流程的人民法院在线诉讼规则体系。该司法解释的颁布，有利于指导人民法院和社会公众进行在线诉讼，依法保障当事人在线诉讼中的合法权利，推动司法高效、智能运转。该司法解释共39条内容，涉及在线诉讼法律效力、基本原则、适用范围、适用条件、具体规则指引等众多方面。例如，该司法解释规定，在线诉讼活动与线下诉讼活动具有同等法律效力。人民法院的在线诉讼活动应当坚持"公正高效""合法自愿""权利保障""便民利民""安全可靠"五项基本原则。当事人对是否适用在线诉讼活动具有充分的自主权。

（二）典型案例

江苏某台资电子科技公司与江苏某台资半导体公司在电子元件领域长期合作，进行贸易往来。后因众多原因，该半导体公司资金链断裂无法正常运营，导致未能及时支付该电子科技公司的货款。在多次索要无果后，该电子科技公司将该半导体公司诉至江苏省南通市中级人民法院,请求该半导体公司立即支付货款及逾期利息。由于诉讼发生时双方公司负责人均在台湾地区,而且时值新型冠状病毒疫情期,都无法按时到庭应诉。南通市中级人民法院在征得双方同意后,通过"支云"庭审系统,对该案进行了及时的在线审判,维护了双方的合法权益。[1]

(三) 现实意义

疫情防控时期,在线诉讼发挥了重要作用。在当事人无法到庭时,人民法院征得当事人同意后即可采取在线诉讼的方式。这种线上诉讼方式,可尽可能为当事人提供便利。例如在上述案件中,双方公司负责人均在台湾地区无法到庭应诉,如果没有在线诉讼,该案件可能无法继续审理。在线诉讼超越了时间、空间等的限制,使司法充分为民服务。而且,通过在线诉讼也可以提升审判质量和效率,推动司法审判模式的变革。该司法解释是最高人民法院颁布的首部指导全国各级人民法院开展在线诉讼工作的司法解释,为各方诉讼主体参与在线诉讼提供了明确的程序指引,建立了较为完备的在线诉讼规则体系,使得人民法院的在线诉讼有法可依、有章可循。

九、保护人民群众"人脸"安全

随着科学技术的发展,通过人脸进行身份识别成为一种可能。人脸识别技术的应用带来了众多便利,仅依靠人脸即可识别身份,摆脱以往的接触式身份识别等复杂模式;同时,人脸识别也引发了一些问题,如对隐私权、知情权的侵害等。

(一) 司法政策内容

为了准确适用民法典的相应规定,充分保护人民群众"人脸"安全,

---

[1] 《最高人民法院发布人民法院台胞权益保障十大典型案例》,载北大法宝网,https://www.pkulaw.com/chl/2d216972a59b8b0abdfb.html。最后访问日期:2022年2月13日。

最高人民法院发布了《关于审理使用人脸识别技术处理个人信息相关民事案件适用法律若干问题的规定》。该司法解释以习近平法治思想为指导，严格遵循了民法典中人格权编及相关法律规定，针对现实中存在的人脸识别问题提出对策。该司法解释涉及人脸识别案件的适用范围、侵权责任、合同规则以及诉讼程序等方面。该司法解释在开篇便规定了制定的目的，"为正确审理使用人脸识别技术处理个人信息相关民事案件，保护当事人合法权益，促进数字经济健康发展"。该司法解释适用的范围为，"因信息处理者违反法律、行政法规的规定或者双方的约定使用人脸识别技术处理人脸信息、处理基于人脸识别技术生成的人脸信息所引起的民事案件"。该司法解释对于正确理解民法典人格权编、统一裁判标准、维护法律统一正确实施具有重要指导作用。

（二）典型案例

李某系某小区业主。2021年物业公司告知众业主，小区门禁系统开始施行人脸识别。为此，业主应当在规定时间内前往物业办理人脸和身份信息录入，否则将无法通行。李某认为在物业处录入人脸等身份信息存在隐私泄露等风险，因而不同意采取这种人脸识别的进出方式，未在规定时间内前往物业录入人脸等身份信息。之后，李某每次进出小区均需跟随其他业主，给其生活带来不便。李某与物业协商无果之后，将物业诉至法院，请求物业为其顺利、便捷通行提供其他非人脸识别等方式。人民法院在审理时，对物业公司释法说理，告知其民法典和《关于审理使用人脸识别技术处理个人信息相关民事案件适用法律若干问题的规定》中的相关规定。根据上述法律规定，物业公司采用人脸识别的方式限制进出小区，应当提前征得业主的同意。如果业主不同意采取这种身份识别的方式，物业应当提供其他替代性的身份验证方式。随后，该物业公司调整了门禁系统的身份验证方式。[1]

---

[1] 《江苏省高级人民法院发布十件弘扬中华优秀传统文化典型案例》，载北大法宝网，https://www.pkulaw.com/lar/b01c0de40b0499104968954172c20c59bdfb.html。最后访问日期：2022年2月13日。

（三）现实意义

根据民法典和《关于审理使用人脸识别技术处理个人信息相关民事案件适用法律若干问题的规定》的规定，人脸信息属于个人敏感信息。任何主体、单位在收集这类信息时，应当提前告知并且征得他人同意。在未经他人同意时，任何主体、单位不得擅自违法采集。近年来，一些单位、组织擅自采集人脸信息，违法违规使用人脸识别技术，引发了社会公众对隐私泄露的担忧。正如上述案例涉及的小区物业擅自施行人脸识别的门禁，如果不注意保护人脸等身份信息，很有可能造成信息的泄露，带来严重后果。李某的担心不无道理。人脸信息属于个人敏感信息中的生物识别信息，具有唯一性和不可更改性，一旦泄露将给被泄露信息者的人身、财产安全造成巨大损失。人脸识别的问题不容轻视。最高人民法院审时度势，及时制定该司法解释，针对性地提出统一法律适用的规则，有利于充分保障人脸信息安全，树立司法为民的光辉形象。

十、加强减刑假释案件实质化审理

在刑罚判决之后，涉及的便是执行刑罚的问题。如果刑罚执行不公，将使之前司法审判的努力付诸东流。

（一）司法政策内容

尽管之前最高人民法院曾多次对减刑假释案件作出规定，但是，在实践中，办理减刑假释案件过程中仍然存在相关机关职能作用无法充分发挥、减刑假释案件实质化审理效果并不理想、徇私舞弊导致不当减刑等问题。由此带来减刑假释案件处理不公，损害了司法权威和司法公信力。最高人民法院为了有效发挥减刑假释各相关机关职能作用，联合最高人民检察院、公安部、司法部发布了《关于加强减刑、假释案件实质化审理的意见》。在全国政法队伍教育整顿过程中，将违规违法办理减刑、假释、暂予监外执行案件作为司法的六大顽疾，集中予以整治。该意见的出台，针对性地回应了实践中存在的问题,提出了有效的规制措施,确保将权力关进制度的笼子,保证减刑假释案件的公正处理。

该意见共分为 4 个部分,20 条具体意见。第一部分是关于减刑假释案件实质化审理的基本要求,包括坚持全面依法审查、坚持主客观改造表现并重、坚持严格审查证据材料、坚持区别对待。第二部分提出了严格审查减刑假释案件的实体条件,从严格审查罪犯服刑期间改造表现的考核材料出发,严格审查罪犯立功、重大立功的证据材料,准确把握认定减刑、假释的条件;严格审查罪犯履行财产性判项的能力;严格审查反映罪犯是否有再犯罪危险的材料;严格审查罪犯身份信息;严格把握罪犯减刑后的实际服刑刑期。第三部分是关于强化减刑、假释案件办理的程序性机制,包括充分发挥庭审功能、健全证人出庭作证制度、有效行使庭外调查核实权、强化审判组织的职能作用、完善财产性判项执行衔接机制、提高信息化运用水平等。第四部分是关于减刑假释案件实质化审理的保障工作,包括健全内部监督、高度重视外部监督、着力强化对下指导、切实加强工作保障。

(二) 典型案例

被告人卢某红犯故意伤害罪,被江苏省苏州市中级人民法院判处无期徒刑,剥夺政治权利终身,赔偿附带民事诉讼原告人若干元。判决发生法律效力之后,镇江监狱予以执行,之后调整为无锡监狱继续执行。卢某红在服刑期间,确有悔改表现,积极服从改造,江苏省高级人民法院作出刑事裁定,将其刑罚减少为有期徒刑 21 年 11 个月,剥夺政治权利改为 10 年。后因卢某红多次获得表扬,努力完成劳动任务,执行机关无锡监狱又于 2021 年提出减刑建议。经江苏省无锡市中级人民法院审理认定,卢某红在服刑期间的行为,达到了刑法和最高人民法院《关于办理减刑、假释案件具体应用法律的规定》的减刑标准,将卢某红的刑罚再减去有期徒刑 6 个月。[1]

---

[1] 卢某红故意伤害罪刑罚与执行变更审查案,江苏省无锡市中级人民法院(2021)苏 02 刑更 2387 号刑事裁定书。

（三）现实意义

减刑、假释制度是我国刑罚执行制度的重要组成部分。建立合法、规范的减刑假释案件处理机制是司法公正、刑罚公正的必然要求。在以往的实践中，减刑假释案件过于依赖刑罚执行机关报请的材料，检察机关、审判机关的裁决往往会被局限于报请材料之中，难以实质化地审理，影响司法公正。这样的审查模式也使得减刑假释案件的审理流于形式，同时，这种形式审查的模式也使得检察机关和审判机关极易被蒙蔽。针对这些问题，前述相关主体联合制定该意见，有利于推动减刑假释案件的实质化审理，确保减刑假释案件的公正处理。

第四章 会议纪要的规范性质

会议纪要是指国家机关团体单位在管理过程中用于记载会议主要情况和议定事项的规范格式文书,是国家机关团体单位活动的重要载体和工具。会议纪要是反映会议基本情况的纪实性公文,其核心功能是对会议内容与精神的记载和传承。会议纪要具有综合性、纪实性、概括性、备查性等特点。[1]作为一种常见文种,会议纪要广泛应用于国家机关、人民团体以及企事业单位的工作中。司法机关会议纪要在我国司法权力运行过程中具有十分广泛的应用,但长期以来,司法机关会议纪要的法律属性和其在司法中的法源地位,存在很大争议,且学理讨论显著不足。作为司法政策的一种重要表现形式和载体,会议纪要的规范性相对较弱,因此,本章以会议纪要作为切入点,以期通过会议纪要的观察和分析,窥得司法政策之一斑。

通过"北大法宝"数据库检索,国务院及其各部委制定发布的"座谈会纪要""会议纪要"文件共有379件。其中最早的会议纪要为国务院内务部1965年发布的《精减退职职工救济工作座谈会纪要》。[2]行政行为具有突出的主动性和执行性,行政机关的会议纪要多用于传达某些指示或规定,也涉及更广泛的群众利益。相比较而言,司法机关发布的会议纪要专业性更强,相对数量较少。在北大法宝数据库中,最高人民法院和最高人民检察院发布的会议纪要共有75件,这些会议纪要仅关涉部分公众利益,

---

[1] 黄培光:《政府会议纪要的法律性质研究》,载《天津行政学院学报》2013年第2期。
[2] 数据检索时间:2020年1月30日。

公众关注度相对较低。然而，司法机关会议纪要主要涉及司法裁判事项，专业性强，在司法实践中亦有重要作用。本书所研究的会议纪要仅指司法机关会议纪要，即以最高人民法院为代表的司法机关出台的以"纪要"形式发布的司法机关工作文件。

在司法领域，最高人民法院出台的会议纪要主要用于规范法官自由裁量权和解决司法裁判中存在的具体问题。这些会议纪要被用于指导各级法院的司法工作，因此除了记录会议情况之外，会议纪要还承担着贯彻司法机关集体意志，约束司法机关和法官行为的功能。例如，1966年，最高人民法院发布《关于处理中朝两国公民离婚案件座谈会纪要》（现已失效），就处理中朝两国公民离婚案件，通过外交部门转送的审判文书内容、格式问题，中朝涉外离婚案件的范围及如何处理的问题，以及这类问题的管辖问题等，形成了一致意见，并要求有关中级法院和基层法院参照执行。2019年，最高人民法院公布《全国法院民商事审判工作会议纪要》的通知，因为这次会议是第九次全国法院民商事审判工作会议，因此该会议纪要俗称"九民会议纪要"。该会议纪要长达130条，对民商事司法裁判中诸多问题进行了规定，对司法裁判实践产生重要影响。

一、会议纪要的规范属性界定

（一）会议纪要规范属性之争议

关于司法机关会议纪要的规范性质，目前学界还没有形成统一的意见。有的学者认为司法会议纪要属于司法文件。"所谓司法文件，是指除法律规范与司法解释之外涉及司法系统组织人事、行政管理、诉讼制度运行、司法改革与法律适用等问题并具有一定约束力的规范性文件。"[1] 该观点与最高人民法院官网的做法一致，即将会议纪要纳入"权威发布"和"公报"两栏下的子栏目"司法文件"中。例如最高人民法院《印发〈关

---

[1] 郭松：《司法文件的中国特色与实践考察》，载《环球法律评论》2018年第4期。

于印发审理公司强制清算案件工作座谈会纪要〉的通知》和最高人民法院《关于印发〈全国法院破产审判工作会议纪要〉的通知》就发布在最高人民法院官网的"司法文件"栏目中。

还有学者认为,司法机关会议纪要是"司法解释性质文件"❶或"司法解释性文件"❷。司法解释性质文件由最高人民法院发布,具有普遍效力,用于规范和指引各级法院的司法裁判,通常以"意见""通知""会议纪要"等作为表现形式。❸ 这种观点与"北大法宝"数据库的部分做法比较接近。"北大法宝"数据库将最高人民法院的会议纪要分为司法解释性质文件和工作指导文件两部分。在"北大法宝"数据库"法律法规"中检索标题内含"纪要"一词,最高人民法院共发布有59件会议纪要,司法解释性质文件有52件,工作指导文件有7件,现行有效51件,失效8件。❹ 该数据库显示最高人民法院发布的会议纪要效力级别既有司法解释性质文件又有部门工作文件,以司法解释性质文件为主。前文提及的1966年的《关于处理中朝两国公民离婚案件座谈会纪要》在"北大法宝"数据库中被归类为司法解释性质文件。

从司法机关会议纪要的内容上来看,其中不少是关于某一法律适用问题所召开的会议内容的记录。其中既有原则性规定,也有规则性规定,看似与司法解释内容差异不大。因此有学者将最高人民法院发布的会议纪要视为"准司法解释"❺。还有学者认为会议纪要属于司法解释的形式,若其内容成为一般性规范内容且具有普遍性效力,能够影响人们的权利义务,

---

❶ 董税涛:《地方司法解释性质文件的实证分析与理论探讨》,载《湖北警官学院学报》2014年第8期。

❷ 石春雷:《地方司法解释性文件的困境与出路》,载《华南理工大学学报(社会科学版)》2017年第4期。

❸ 彭中礼:《最高人民法院司法解释性质文件的法律地位探究》,载《法律科学(西北政法大学学报)》2018年第3期。

❹ 访问日期:2020年1月16日。

❺ 姚毅奇:《地方司法文件之实践理性分析:以刑事司法文件为例》,载《犯罪研究》2015年第2期。

则属于司法解释,❶或应作为司法解释来看待。❷将司法机关会议纪要理解为司法解释或司法解释的一种载体,这是一种对会议纪要法律性质的误解。如果将司法机关会议纪要与司法解释相混同,将难以判定其法律地位和效力。因此,在对司法机关会议纪要进行讨论研究之前,有必要对其与司法解释的区别进行厘清。

(二) 会议纪要不是司法解释

首先,司法解释的制定主体严格限定为最高司法机关,而司法机关会议纪要的制定主体则更为广泛。根据1981年全国人民代表大会常务委员会《关于加强法律解释工作的决议》,最高司法机关被授权制定司法解释,因此该文件被视为最高司法机关获得司法解释权的主要授权依据。2007年最高人民法院《关于司法解释工作的规定》第2条规定,人民法院在审判工作中具体应用法律的问题,由最高人民法院作出司法解释。2006年通过并于2015年修订的最高人民检察院《司法解释工作规定》第2条明确规定,人民检察院在检察工作中具体应用法律的问题,只能由最高人民检察院作出司法解释。相比司法解释,我国司法机关会议纪要的制定主体则要广泛得多。从司法机关的级别来说,不仅最高人民法院、最高人民检察院会单独发布或者联合公安部、司法部等其他机关共同发布会议纪要,最高人民法院审判委员会和最高人民法院办公会议等内部机构也可制定会议纪要,各地方高级人民法院发布的会议纪要亦数量可观。

其次,司法机关会议纪要与司法解释在形式规范性上有显著区别。我国司法解释制度在学界尚存争议,对于司法解释的正当性一直聚讼纷纭,引起了一些学者的广泛讨论。❸但不论具体争议点如何,鉴于司法解释在司法审判中具有与法律相同的法律效力,其正当性必须以符合法定程序标

---

❶ 胡岩:《司法解释的前生后世》,载《政法论坛》2015年第3期。
❷ 谢焕:《我国刑法司法解释违法性问题研究——以盗窃罪定罪量刑标准地区差异为视角》,载《宜春学院学报》2010年第3期。
❸ 汪全胜:《司法解释正当性的困境及出路》,载《国家检察官学院学报》2009年第3期;黄金兰:《我国司法解释的合法性困境及其应对建议》,载《法商研究》2020年第3期。

准为前提保障。1997年最高人民法院《关于司法解释工作的若干规定》（现已失效）中规定，司法解释有三种表现形式——"解释""规定""批复"。取而代之的2007年最高人民法院《关于司法解释工作的规定》，新增"决定"形式，即司法解释有"解释""规定""批复""决定"四种法定形式，司法解释的制定和出台必须经过立项、起草、报送、讨论、发布、施行与备案等规范程序。最高人民法院出台的司法解释必须经最高人民法院审判委员会讨论通过，在法定媒介公开发布后才能生效，其严格性远高于其他司法机关的规范性文件。可见，司法解释具有较高的形式规范性。相比较而言，会议纪要没有明确制作发布程序，形式上也不统一，常常以"法办""法""法发"等形式发布。司法机关会议纪要的形式通常为"×××会议纪要"或"×××座谈会纪要"，无论是在形式上还是规范性上都与司法解释存在较大差异。例如，《全国法院民事再审审查工作座谈会纪要》《关于全国部分法院知识产权审判工作座谈会纪要》《处理涉台刑事申诉民事案件座谈会纪要》等均体现以上特征。从司法会议纪要制作发布主体、制作程序以及形式来看，形式要件不是非常严格规范。在现行法律制度下，将会议纪要与司法解释相提并论缺乏充分的法律依据。

最后，司法解释和司法机关会议纪要在法律地位上有显著区别。法律地位的区别是司法解释和最高司法机关制定的司法机关会议纪要之间最为本质的区别。根据通说和司法实践，司法解释的效力等同于被解释的法律本身，这意味着司法解释取得了正式法源地位，对司法裁判人员有着法定强行约束力，自由裁量权不得逾越司法解释容许的尺度。但司法机关会议纪要则不然，其本身在司法裁判中只能作为参考资料，而为审判人员提供思路和参照，并未在法律上获得强制性的法律地位。因此，一般而言，其只能隐含于司法运作之中，非正式地、委婉地影响判决的形成，而不应具备强制遵守的效力。❶ 可以说，即使在实际效力上，部分司法机关会议纪要的法律效力已与传统意义上的司法解释相差无几，但在制定法对司法解

---

❶ 王瑞君：《影响法官解释刑法的资料》，载陈金钊、谢晖主编：《法律方法》（第9卷），山东人民出版社2009年版，第181页。

释制度作出更为明确的规定之前，仍应依照《关于司法解释工作的规定》对规范性文件是否属于司法解释进行形式上的判定，不宜直接称其为司法解释。

（三）会议纪要是司法指导文件

根据最高人民法院在《司法解释与指导案例汇编》中的界定，在司法解释之外，因总结审判经验及规范裁判标准的需要，最高人民法院出台的文件被称为"司法文件"。司法文件这一概念的使用并不精确，不能准确反映会议纪要的规范性质。除了一般称之为"司法文件"（《最高人民法院公报》上以"司法文件"进行分类）之外，类似用语还有司法解释性文件（最高人民法院的专著与汇编著作用语）、司法行政文件（最高人民法院网用语）等。这些司法文件文号多以"法发〔××××〕××号""法〔××××〕××号"出现。同为司法文件，在司法实践中的地位和作用是不一样的。我们将司法文件分为司法解释性文件、司法行政文件、司法指导文件等，将会议纪要简单归类为司法文件，显然定性过于宽泛，没有凸显司法会议纪要的特性。那么，会议纪要应归属于哪一类司法文件呢？

"司法解释性文件"的提法首见于最高人民法院1987年3月31日对广西壮族自治区高级人民法院所作的《关于地方各级人民法院不应制定司法解释性文件的批复》，该批复中只是宣示最高人民法院对于司法解释性文件的独有制定权，并未明确界定何为司法解释性文件。2012年，最高人民法院和最高人民检察院发布了《关于地方人民法院、人民检察院不得制定司法解释性质文件的通知》，进一步重申了司法解释性质文件的制定主体与权限。与司法解释相同，地方司法机关都无权成为"司法解释性质文件"和"司法解释性文件"的制定主体。而且，会议纪要的内容繁杂，除了涉及审判事项，还涉及司法机关工作指导类等事项。因此若司法机关会议纪要被认定为属于司法解释性文件，在内容上定性过于狭窄，而在制定主体上又存在混乱。

对会议纪要更为准确的表述，应认定其属于"司法指导性文件"。司法指导性文件是除司法解释以及司法行政管理、人事管理类文件以外的，涉及法律适用问题的司法文件。❶ 司法机关会议纪要属于司法指导性文件的一种典型形式。如果仅就最高人民法院发布的指导审判工作的会议纪要而言，其虽不是正式司法解释，也不具有司法解释所必备的形式要件，但因其在现实中发挥着准司法解释的作用，可以被看作非正式司法解释，从而与一般的司法文件有所区别。❷ 在这一意义上说，针对当前最高人民法院制定的会议纪要，我们可以将其大致分为两类：司法解释性质文件与工作指导文件。因而司法会议纪要的性质定性为规范性司法指导文件较为合适。当然，至此问题仍没有解决，至少在最高人民法院层面，司法解释性文件与司法指导性文件的区分仍不够清晰。

二、会议纪要在司法实践中的功能定位

第一，从宏观层面来说，会议纪要是司法政策的重要载体，具有政策导向功能。除了已经形成为立法的国家意志，政治权威在司法领域的贯彻通常还会借助政策等形式。"我国的司法政策是特定时期国家宏观政策、内政外交形势和社会经济文化发展需求在司法中的凝聚和体现，是政治和法律交互作用的产物。"❸ 司法政策是国家政策在司法领域的贯彻和具体化。早在2008年，我国就已经初步实现契合自身国情和发展特色的法律体系的创建，时至今日，我国的特色法律体系已不断完善。这一体系不仅包含传统意义上的实在法体系，也内嵌着极具我国特色的一系列司法政策。

"当形式合理性的规则难以被解释适用时，政策的与时俱进和实质正义追求便凸显出其价值。政策对法律此时能够起到统领、协调和兜底的作用。"❹ 司法政策既被最高人民法院用于加强审判指导和审判管理，确保法

---

❶ 人民法院出版社法规编辑中心：《解读最高人民法院司法指导性文件》，人民法院出版社2017年版，第1页。

❷ 王瑞君：《影响法官解释刑法的资料》，载陈金钊、谢晖主编：《法律方法（第9卷）》，山东人民出版社2009年版，第180－181页。

❸ 孔祥俊：《司法哲学》，中国法制出版社2017年版，第304页。

❹ 史际春、胡丽文：《政策作为法的渊源及其法治价值》，载《兰州大学学报（社会科学版）》2018年第4期。

律规范统一适用，又是监督、指导下级法院落实党和国家的重大战略部署不可或缺的环节。[1] 司法政策作为某个特定时期司法的行为准则和宏观导向，集中体现了司法的特定理念和态度，反映了特定时期的司法精神和导向。司法政策作为国家政策的组成部分，凝聚着国家与人民的意志，为司法裁判指明方向，尤其在法律规则不明或者缺失的情况下，保证法官在裁判过程中不会迷失方向。"司法政策是最高人民法院集体行动的逻辑结果，旨在减少法官在法律适用过程中自由裁量权的使用，通过司法政策的方式来代替法官的个人思考。"[2]

会议纪要是司法政策的重要载体。"在两大法系，公共政策或公共利益是法官在进行漏洞填补时所遵循的重要依据。"[3] 公共政策作为司法机关解决法律缺位和不足的做法，在大陆法系和普通法系国家都获得了认同。"事实上，在高度动员型的政治体制中，上下级法院通过'通知''会议纪要'等执行政策已是不可或缺的惯例。"[4] 会议纪要成为司法机关在司法领域执行政策的一种治理方式，发挥社会价值导向作用。例如，《全国法院破产审判工作会议纪要》贯彻执行党的新发展理念和建设现代化经济体系的政策，要求人民法院发挥破产审判功能，实现市场资源重新配置，提高市场经济效益，为经济社会持续健康发展提供更加有力的司法保障。

司法会议纪要具有鲜明的导向功能，体现司法机关的意志倾向性。司法会议纪要具有一定的意识形态导向功能，起到对司法活动的正面引导作用。司法政策可以引导和彰显司法领域的主流意识形态，强化主流司法意识形态对司法机关乃至社会公众的影响和控制。例如，在某污染环境犯罪案中，二审法院经审查认为："该量刑亦符合两高三部《关于办理环境污染刑事案件有关问题座谈会纪要》'坚持以最严格的环保司法制度、最严密的环保法治理念，统一执法司法尺度，加大对环境污染犯罪的惩治力

---

[1] 余韬：《上下级法院关系研究——以〈宪法〉第132条为视角》，上海人民出版社2018年版，第128页。
[2] 李大勇：《论司法政策的正当性》，载《法律科学（西北政法大学学报）》2017年第1期。
[3] 王利明：《司法改革研究》，法律出版社2001年版，第242页。
[4] 安晨曦：《司法文件：法律虚置后的裁判非正式规则——规则供给与文件政治的二重读解》，载《湖北社会科学》2016年第9期。

度'的会议精神。"❶ 二审法院对一审法院援用《关于办理环境污染刑事案件有关问题座谈会纪要》作出的判决给予肯定，而裁判文书中援用的会议纪要是最高人民法院、最高人民检察院、公安部、司法部、生态环境部共同贯彻习近平生态文明思想，推进生态文明建设，形成各部门依法惩治环境污染犯罪的统一认识，对环境污染刑事犯罪审判具有司法政策导向作用。我国司法机关充分发挥司法政策对社会关系调整这一优势做法，在司法领域利用司法政策对法律法规进行补充或引导，取得了良好的司法治理效果。

第二，在微观层面，会议纪要具有限定裁量空间、规范自由裁量权的功能。虽然立法技术上已经实现相当大程度的科学性与民主性，但抽象的法律规范与社会事实之间存在天然的缝隙。在全国统一的法律制度背景下，我国社会发展迅速、区域发展不平衡和法律职业人员素质参差不齐等因素又使得这一缝隙被进一步放大。在个案裁判中，法官要弥合法律与待决案件之间的缝隙，可能需要在不同的法律规范之间进行权衡、选择，甚至可能需要填补法律漏洞。"但是当司法中找不到相关的法律依据时，法官又'不得拒绝裁判'，这时，就需要寻找弥补法律漏洞的途径和方法，以使案件得到解决。"❷ 就司法制度而言，我国尚不认可法官个人对法律解释的权力，但司法过程必然存在裁量空间。自由裁量权是法官作出合理裁判的前提，同时对法官而言，合理把握自由裁量权也是一项颇具挑战性的工作。"对法官自由裁量权的控制和规范是遏制司法腐败，追求司法公正，实现裁判合理可接受性的保障。"❸ 绝对的权力导致绝对的腐败，法官自由裁量权过大可能会导致司法不公。在司法实践中，长期存在的下级法院向上级法院报告请示制度，对于规范法官裁量权发挥着不可忽视的作用。在这一背景下，以最高人民法院为代表的上级司法机关通过会议纪要等文件，为帮助法官合理把握裁量空间，适度行使自由裁量权提供了有针对性

---

❶ 成都益正环卫工程有限公司、吕某体、蔡某被控污染环境罪案，四川省成都市中级人民法院（2019）川01刑终719号刑事裁定书。
❷ 刘作翔：《司法中弥补法律漏洞的途径及其方法》，载《法学》2017年第4期。
❸ 陈绍松：《司法裁判的合理可接受性》，中国政法大学出版社2017年版，第290页。

的指导。会议纪要作为法官群体的智慧，可以防止法官个人裁量的偏离。

例如，我国刑法关于贩卖毒品犯罪行为的规定较为宽泛，没有概括出贩卖毒品行为的核心特征。对于如何认定社会中不断出现的新型贩卖毒品行为，如代购毒品、互易毒品等行为，刑法没有明确规定。为了依法惩治毒品犯罪，最高人民法院先后发布了 2000 年《全国法院毒品犯罪审判工作座谈会纪要》、2008 年《全国法院毒品犯罪审判工作座谈会纪要》和 2014 年《全国法院毒品犯罪审判工作座谈会纪要》，尤其是 2014 年《全国法院毒品犯罪审判工作座谈会纪要》传达了中央对禁毒工作的决策部署，明确了人民法院禁毒工作的指导思想和任务目标，坚持依法从严惩处毒品犯罪、加强审判规范化建设、完善毒品犯罪审判工作机制和积极参与禁毒综合治理，深入贯彻落实中央精神和加强人民法院禁毒工作，规范毒品犯罪审判中的一些具体法律适用问题。例如，在孙某军被控运输毒品案中，法院认为："参照最高人民法院《全国法院毒品犯罪审判工作座谈会纪要（武汉会议纪要）》的规定'吸毒者在运输毒品的过程中被查获，没有证据证明是为了实施贩卖毒品等其他犯罪，毒品数量达到较大以上的，以运输毒品罪定罪处罚'，故被告人及其辩护人提出应以非法持有定罪处罚的意见，不能成立，不予采纳。"[1] 针对毒品犯罪出现的新情况以及法律适用问题，刑法和司法解释不能及时作出相应规定，最高人民法院及时制作发布关于毒品犯罪审判工作会议纪要，用于统一指导地方各级法院对类似毒品犯罪案件的审理，达到规范指导审判毒品犯罪的司法目的。

第三，在中观层面，会议纪要具有规范和统一司法适用的功能。中国特色社会主义法律体系已经形成，目前主要问题是如何加强法律实施的能力和提升法律实施的效果。司法界非常关注法律统一适用问题，最高人民法院曾将完善法律统一适用机制作为改革的主要内容之一。司法解释是规范法官自由裁量权和统一法律适用的重要举措，而当法律不能快速及时回应社会需求、司法解释亦不能及时出台或者出现缺位的情况下，为防止出现明显的"同案不同判"现象，最高人民法院会临时性通过会议纪要形式

---

[1] 孙某军被控运输毒品案，天水市中级人民法院（2019）甘 05 刑初 6 号刑事判决书。

对法律适用问题进行适当阐明，并作出相对具体的处理规则，方便法官行使审判权，也为了规范审判和统一司法适用，在短期内尽可能实现"同案同判"和"类案类判"。在一起别除权纠纷中，二审法院参照全国民事审判工作会议纪要的规定，对关于"计算工程款优先受偿权行使时间"的争议问题作出统一裁判。[1] 2018年3月发布的最高人民法院《印发〈全国法院破产审判工作会议纪要〉的通知》，其中第27条规定了关于企业破产与职工权益保护的内容。在涉及此类案件的裁判时，很多当审法官参照了该规定。通过裁判文书网检索，（2018）粤01民终19003号、（2019）湘0724民初1965号、（2019）辽02民初923号、（2019）辽02民初923号等案件均参照了此会议纪要第27条规定，其中（2019）辽02民初923号案的裁判文书中不仅将第27条规定作为裁判理由，还明确援引为裁判依据。可以说，这些会议纪要形成了对司法行为的指导和约束，对于司法裁判、正义公平实现发挥着重要作用。

三、会议纪要的规范性效力

如前所述，会议纪要在形式上的规范性相对较弱，但作为司法政策的载体和形式，会议纪要对司法政策原则性、灵活性的体现更为突出。这两方面的特点使得其在司法实践中的规范性效力也非常复杂。

上文提到的1966年最高人民法院《印发〈关于处理中朝两国公民离婚案件座谈会纪要〉》中，要求"有关中级法院和基层法院参照执行"。在最高人民法院《关于印发〈全国法院毒品犯罪审判工作座谈会纪要〉的通知》和《关于印发〈全国法院破产审判工作会议纪要〉的通知》中，要求地方各级法院"结合审判工作实际，参照执行"或者"请认真遵照执行"。2019年，最高人民法院《公布〈全国法院民商事审判工作会议纪要〉的通知》中明确指出，"纪要不是司法解释，不能作为裁判依据进

---

[1] 徐州市方正工程有限公司诉安徽天宇化工有限公司别除权纠纷案，安徽省高级人民法院（2014）皖民一终字第00055号民事判决书。

行援引。《会议纪要》发布后，人民法院尚未审结的一审、二审案件，在裁判文书'本院认为'部分具体分析法律适用的理由时，可以根据《会议纪要》的相关规定进行说理。对于适用中存在的问题，请层报最高人民法院"。

基于我国法院系统内部的审级制度以及上下级法院的审判监督关系，最高人民法院制作的会议纪要通常在法院系统内部能得到普遍遵守。会议纪要虽然缺乏正统法源地位，但是对司法裁判具有形式上的软约束力和实质上的硬约束力。[1] 如前所述，有部分学者之所以将会议纪要等文件称为"司法解释""司法解释性质文件""准司法解释性质文件"，正是关注到会议纪要在司法实践中的实际约束力。

会议纪要的规范性效力是与其性质相对应的。如前所述，会议纪要不是司法解释，它作为司法政策的一种重要体现和载体，在我国也不具有正式法源地位。从最高人民法院的种种文件中可看出，其在司法过程中的功能定位于论证裁判理由。当然，这只是一种理论上的假定，其正当性需要经受实践的检验。通过在裁判文书网的检索可以发现，近五年"会议纪要"出现在裁判文书中数量都在3万份以上。目前，与司法实践中"会议纪要"应用的增长态势相比，围绕会议纪要对司法实践的影响等具体问题的研究稍显薄弱，以下问题值得进一步思考和研究：在司法裁判中哪些主体更主动援用会议纪要，其他主体又如何回应；法官在司法裁判中如何援用会议纪要的内容；会议纪要与裁判结果的关联情况；未来应如何规范会议纪要对司法裁判作用方式等。通过初步研究，我们发现，不同部门法领域会议纪要所发挥作用的方式亦有差异，就具体的司法过程而言，会议纪要的规范性效力非常复杂，离开部门法语境不能准确表述会议纪要的规范性质，也无法简单地描述会议纪要的法源地位。在下文中，我们将分别从刑法、民法以及行政法三大部门法角度分别阐述会议纪要发挥作用的情况。

---

[1] 徐维、许辉、卢安林：《司法审判中的软法——以3108份地方司法文件为样本》，载《法治论坛》2018年第3期。

第五章　会议纪要的刑法法源地位

一、问题的提出

（一）刑事领域司法机关会议纪要的检索情况

为了对刑事领域司法机关会议纪要的发布情况有一个直观的了解，笔者首先借助"北大法宝"这一平台，以"纪要"为关键词，进行标题模糊检索，并排除了其中非刑事领域的检索结果，共得到了最高司法机关会议纪要25篇（见表5-1），地方司法机关会议纪要51篇，其中包括最高司法机关已失效文件7篇和地方司法机关已失效文件1篇。[1] 同时，借助找法网、华律网等法律咨询平台和部分地方司法机关的官方网站进行了一定的检索工作，获得了未被"北大法宝"收录的6篇地方司法机关会议纪要，作为研究补充。

需要说明的是，由于目前对于地方司法机关会议纪要的公开尚无统一的信息公开制度，因此"北大法宝"所能检索到的地方司法机关会议纪要，一方面仅限于省级司法机关发布的会议纪要，大量地市级司法机关出台的会议纪要并未收录；[2] 另一方面，对地方司法机关会议纪要的收录也存在一定疏漏，如在互联网上数家律师咨询网站和江苏省当地律师微信公

---

[1] 检索日期：2022年7月25日。
[2] 对于县级司法机关出台的司法机关会议纪要，目前尚无足够翔实的样本支持分析，故暂时忽略不计。

众号上均能检索到的江苏省高级人民法院《职务犯罪中自首认定相关问题会议纪要》，在"北大法宝"等权威检索网站上就未曾收录。这种检索障碍，说明司法机关会议纪要的制定和信息公开化制度目前存在较大缺陷和不足。

表5-1 刑事领域最高司法机关会议纪要检索结果（北大法宝）

序号	会议纪要名称	效力
1	全国高级人民法院院长座谈会纪要	有效
2	最高人民法院、最高人民检察院和国家税务局第四次联席例会纪要	有效
3	全国法院维护农村稳定刑事审判工作座谈会纪要	有效
4	最高人民法院办公厅、最高人民检察院办公厅、公安部办公厅、国家税务局办公室第六次联席例会纪要	有效
5	全国法院审理金融犯罪案件工作座谈会纪要	有效
6	关于办理假冒伪劣烟草制品等刑事案件适用法律问题座谈会纪要	有效
7	全国法院审理经济犯罪案件工作座谈会纪要	有效
8	关于加强检察机关税务机关在开展集中查办破坏社会主义市场经济秩序渎职犯罪专项工作中协作配合的联席会议纪要	有效
9	关于死刑第二审案件开庭审理工作有关问题的会谈纪要	有效
10	全国部分法院审理毒品犯罪案件工作座谈会纪要	有效
11	刑事案件速裁程序试点工作座谈会纪要（二）	有效
12	全国法院毒品犯罪审判工作座谈会纪要	有效
13	最高人民检察院关于办理涉互联网金融犯罪案件有关问题座谈会纪要	有效
14	最高人民法院刑事审判第三庭、最高人民检察院第四检察厅、公安部刑事侦查局关于"断卡"行动中有关法律适用问题的会议纪要	有效
15	最高人民法院、最高人民检察院、公安部办理非法经营国际电信业务犯罪案件联席会议纪要	有效
16	最高人民法院、司法部关于监狱作为赔偿义务机关的刑事赔偿有关问题的调研会议纪要	有效
17	最高人民法院、最高人民检察院、公安部办理骗汇、逃汇犯罪案件联席会议纪要	有效
18	最高人民法院、最高人民检察院、海关总署打击非设关地成品油走私专题研讨会会议纪要	有效
19	依法查处非法出版犯罪活动工作座谈会纪要	失效

续表

序号	会议纪要名称	效力
20	最高人民法院关于十二省、自治区法院审查毒品犯罪案件工作会议纪要	失效
21	全国法院减刑、假释工作座谈会纪要	失效
22	全国经济审判工作座谈会纪要	失效
23	全国部分省市法院刑事审判工作会议纪要	失效
24	全国法院审理毒品犯罪案件工作座谈会纪要	失效
25	八省市法院审判贪污、受贿、走私案件情况座谈会纪要	失效

就地方司法机关会议纪要的检索结果而言，笔者发现，在"北大法宝"上共检索获得地方司法机关会议纪要51部，其中浙江省司法机关出台的会议纪要占据了其中29部。篇幅所限，此处仅以浙江省司法机关出台的会议纪要为例，进行了整理（见表5-2）。

表5-2 刑事领域浙江省地方司法机关会议纪要检索结果（北大法宝）

序号	会议纪要名称	效力
1	浙江省高级人民法院、浙江省人民检察院、浙江省公安厅关于办理骗取贷款、票据承兑、金融票证罪有关法律适用问题的会议纪要	有效
2	浙江省高级人民法院、浙江省人民检察院、浙江省公安厅关于办理容留他人吸毒罪有关法律适用问题的会议纪要	有效
3	浙江省高级人民法院、浙江省人民检察院、浙江省公安厅关于办理危害食品、药品安全犯罪案件适用法律若干问题的会议纪要	有效
4	浙江省高级人民法院、浙江省人民检察院、浙江省公安厅关于当前办理集资类刑事案件适用法律若干问题的会议纪要（三）	有效
5	浙江省高级人民法院、浙江省人民检察院、浙江省公安厅关于当前办理集资类刑事案件适用法律若干问题的会议纪要	有效
6	浙江省高级人民法院、浙江省人民检察院、浙江省公安厅关于办理"醉驾"案件若干问题的会议纪要（2019年）	有效
7	浙江省高级人民法院、浙江省人民检察院、浙江省公安厅关于办理涉外定牌加工等侵犯知识产权刑事案件有关法律适用问题的会议纪要	有效
8	浙江省高级人民法院、浙江省人民检察院关于办理组织卖淫及相关刑事案件适用法律问题纪要	有效
9	浙江省高级人民法院2006年全省中级法院刑庭庭长会议纪要	有效

续表

序号	会议纪要名称	效力
10	浙江省高级人民法院关于审理聚众斗殴犯罪案件相关问题的纪要	有效
11	浙江省高级人民法院关于在审理交通肇事刑事案件中正确认定逃逸等问题的会议纪要	有效
12	浙江省高级人民法院刑二庭关于全省法院经济犯罪疑难问题研讨会纪要（二）	有效
13	浙江省高级人民法院刑二庭关于全省法院经济犯罪疑难问题研讨会纪要	有效
14	浙江省高级人民法院全省法院刑事审判疑难问题研讨会纪要（2012年）	有效
15	浙江省人民检察院诈骗类犯罪案件专题研讨会会议纪要	有效
16	浙江省人民检察院公诉处关于毒品类犯罪案件疑难问题专题研讨会会议纪要	有效
17	浙江省高级人民法院、浙江省人民检察院、浙江省公安厅关于办理组织他人跨境赌博刑事案件适用法律若干问题的会议纪要	有效
18	浙江省高级人民法院、浙江省人民检察院、浙江省公安厅关于依法严厉打击与民间借贷相关的刑事犯罪强化民间借贷协同治理的会议纪要	有效
19	浙江省高级人民法院、浙江省人民检察院印发《关于办理涉以压缩气体为动力的枪支刑事案件的会议纪要》的通知	有效
20	浙江省高级人民法院、浙江省工商行政管理局关于印发《办理危害食品、药品安全犯罪案件适用禁止令若干问题的会议纪要》的通知	有效
21	浙江省高级人民法院、浙江省人民检察院、浙江省公安厅、浙江省物价局印发《关于涉案财产价格认定的会议纪要》的通知	有效
22	浙江省高级人民法院、浙江省人民检察院、浙江省公安厅、浙江省环境保护厅印发《关于办理环境污染刑事案件若干问题的会议纪要（三）》的通知	有效
23	浙江省高级人民法院、浙江省人民检察院、浙江省公安厅关于办理毒品案件中代购毒品有关问题的会议纪要	有效
24	浙江省高级人民法院、浙江省人民检察院、浙江省公安厅关于办理建筑施工企业从业人员犯罪案件若干法律适用问题的会议纪要	有效
25	浙江省高级人民法院、浙江省人民检察院、浙江省公安厅关于办理"电商代运营"诈骗案件适用法律若干问题会议纪要	有效
26	浙江省高级人民法院、浙江省人民检察院、浙江省公安厅、浙江省环境保护厅印发《关于办理环境污染刑事案件若干问题的会议纪要（二）》	有效

第五章　会议纪要的刑法法源地位

续表

序号	会议纪要名称	效力
27	浙江省高级人民法院、浙江省人民检察院、浙江省公安厅办理侵犯知识产权刑事案件适用法律若干问题会议纪要	有效
28	浙江省高级人民法院、浙江省人民检察院、浙江省公安厅关于办理"醉驾"的会议纪要（2017年）	失效
29	浙江省高级人民法院、浙江省人民检察院、浙江省公安厅关于办理"醉驾"犯罪案件若干问题的会议纪要（2012年）	失效

除了"北大法宝"之外，笔者还从其他可靠渠道获得了6部地方司法机关会议纪要（见表5-3）作为研究素材。

表5-3　刑事领域地方司法机关会议纪要检索结果（其他检索平台）

序号	会议纪要名称	效力	层级	检索来源
1	温州市中级人民法院、温州市人民检察院、温州市公安局2015年关于倒卖网络银子构成开设赌场罪量刑数额的会议纪要	有效	地方司法机关	温州市中级人民法院官网
2	广东省高级人民法院关于办理公司、企业或者其他单位的工作人员职务侵占、受贿、挪用资金等刑事犯罪案件适用法律若干问题的座谈会纪要	有效	地方司法机关	中国法律网
3	江苏省高级人民法院、江苏省人民检察院、江苏省公安厅、江苏省司法厅关于刑事诉讼证据方面若干问题的会议纪要	有效	地方司法机关	中国知网
4	江苏省高级人民法院关于职务犯罪中自首认定相关问题会议纪要	有效	地方司法机关	找法网
5	内蒙古自治区关于办理故意毁坏财物刑事案件具体数额标准的会议纪要	有效	地方司法机关	内蒙古自治区人民检察院官网
6	抚州市检察院关于全市反贪、公诉部门职务犯罪案件中受贿的界定研讨会会议纪要	有效	地方司法机关	华律网

需要指出的是：一方面，笔者尽量保证了数据来源的全面性以确保研究可靠；另一方面，囿于作者能力及目前检索条件，笔者无法对当前已发布的刑事领域司法机关会议纪要进行穷尽检索。因此，笔者仅以上述在"北大法宝"上所检索到的 76 篇司法机关会议纪要和笔者从地方司法机关官网、律所网站等其他可信途径零星获得的 6 篇司法机关会议纪要作为研究对象，进行分析和评价。

（二）司法机关会议纪要作为刑法法源研究素材的意义

其一，司法机关会议纪要作为立法与司法的"中间产物"极富中国特色。司法机关会议纪要的制定与发布到底应当归于立法范畴还是司法范畴？这个问题无法在现有的研究基础上轻易地给出回答。[1] 司法机关会议纪要这种中国特色法治环境的"中间产物"正在立法和司法的交接处蓬勃生长，但学界对它的关注和掌握仍然有限。目前司法机关会议纪要所表现出的某些问题，无法以西方刑事法学的基本理论进行解释。因而必须打破来自西方的研究思维定式，正视目前中国本土法律实践中出现的一些新问题和新现象，才能使得司法机关会议纪要的相关研究更加富有现实指导意义。

其二，司法机关会议纪要对于刑事司法裁判具有较为突出的规范作用。众所周知，在我国刑事司法审判的过程中，审判依据的选择和使用并不是完全由审判者掌控的，而是在相当大的程度上受到各类司法指导性文件的约束。在这种背景下，如果不关注以司法机关会议纪要为典型的司法指导性文件对于司法裁判人员裁判决策的一系列强制性规定，认为只要司法人员的法律素养和法治意识提升到一定程度就可以实现刑事司法方法的自觉良好应用，未免有失偏颇。

其三，司法机关会议纪要是罪刑法定原则能否真正贯彻落实于司法过程的观测素材。司法机关会议纪要作为司法系统内部权力配置和运行的主

---

[1] 在立法学领域，根据功能论者的观点，解释法律和法规、创制判例法、监督议会立法和其他主体立法的司法机关也可以被视为立法主体，但结构论者则持不同观点。参见周旺生：《立法学》（第二版），法律出版社 2009 年版，第 166、173 页。

要规范手段之一，其应用相比裁判文书等更能够直观而真实地表现司法人员的法治思维和法律素养。此外，司法机关会议纪要中存在大量对现行规范性法律文件和司法解释的解释性规定，通过考察此类条文的内容表述，可以很好地把握司法机关对于相应法律规定的理解和应用情况。

二、刑法法源界定的基本理论

司法机关会议纪要的法源地位，直接关涉其在司法实务中的适用问题。而刑法法源识别的基本理论，是合理界定司法机关会议纪要法源地位的基本原理和立论前提。基于刑法的特殊性和罪刑法定原则的限定，国内外已有一部分研究成果，从不同视角直接或间接地对法源和刑法法源问题做了一定程度上的讨论。

按照学界通说，"法源"一般是"法律渊源"或"法的渊源"的简称，是起源于西方法理学的一个法学基本范畴。"法源"在以往的法学研究中通常有三种含义：第一种含义是指法律的"生成渊源"，即决定法律产生的背景和动力，如周旺生就认为，法的渊源是由资源、进路和动因这三项基本要素所构成的概念和事物；❶ 第二种含义是法律的"历史渊源"，主要是指法律产生和发展的历史过程，如罗斯科·庞德认为，宗教信仰、道德和哲学的观点、科学探讨等法源都是法律演化过程中的不同形态；❷ 第三种含义是指法律的"效力渊源"，即法律在现实世界中有效的存在形式或表现形式，如魏德士主张，法官法、自然法、法学家法等法源都是法的有效形式❸。本书论述所涉及的"法源"主要是指法律的"效力渊源"。

就法律的"效力渊源"意义而言，法源学说自罗马法时代至于今日，先后经历了概念法学、利益法学、自由法学、现实主义法学等法学流派的

---

❶ 周旺生：《法理探索》，人民出版社2005年版，第231－242页。
❷ [美]罗斯科·庞德：《法理学》（第3卷），廖德宇译，法律出版社2007年版，第384－386页。
❸ [德]魏德士：《法理学》，丁晓春译，法律出版社2005年版，第98－99页。

阐释、论争和丰富。❶ 总体上来看，虽然对于法源具体是什么的概念界说仍然众说纷纭，但是根据目前学界的主流观点，法源的概念界定至少存在以下几点共识。

（一）构成法源的规范不仅限于制定法

不同于19世纪中叶以后潘德克顿学派对于成文法典的执着，利益法学和自由法学的代表学者赫克、斯托尔、康多洛维奇、埃利希等先后对概念法学派仅将法律视为制定法的观点进行了批判。埃利希甚至提出了"活法"的概念，认为国家制定和执行的"法"只是"法"的很小一部分，法官应当从社会的内在秩序中去发现"法"。❷ 日本法学家大木雅夫也认为，不独是制定法，司法和执法过程中形成的法律惯例也应当被视为重要的法律渊源。❸ 上述学术观点也在一定程度上得到了判例法国家司法实务界的支持。例如美国联邦最高法院大法官弗兰克福特，就曾在著名的美国田纳西州"纳什维尔诉布朗宁"一案的审判意见中批判性地指出，不应将"法律"的范畴局限于法典以内。❹ 后来，在霍姆斯首倡的实用主义法学基础上，以卢埃林、弗兰克等为代表的现实主义法学家们发起了"反法律形式主义"学术思潮，使得制定法在法源领域的统治地位受到了进一步的冲击。如今，随着行为法学和经济分析法学等学派在主要判例法国家的崛起，"法源的构成规范不仅限于制定法"这一观点已经基本成为学界共识。

正式在理论上界定了非制定法规范的法源地位的学者中，影响最大的是美国法理学家博登海默。他将法源区分为正式法源（也称制定法源）和非正式法源（也称非制定法源）：正式法源是相对确定的，主要是指现行有效的、所有成文形式的权威性法律文件；非正式法源，则属于非成文性

---

❶ 彭中礼：《论法律渊源与法律发现》，载《岳麓法学评论》（第10卷），中国检察出版社2016年版，第183–197页。

❷ ［奥］欧根·埃利希：《法社会学原理》，舒国滢译，中国大百科全书出版社2008年版，第545页。

❸ ［日］大木雅夫：《比较法》，范愉译，法律出版社1999年版，第92页。

❹ ［美］E. 博登海默：《法理学、法律哲学与法律方法》，邓正来译，中国政法大学出版社2004年版，第486页。

的开放性法制资源,其具体范围依法系和国家的不同而各具差异。❶ 博登海默教授这一法源类型划分被国内大量研究者所采用,几成学界通说。但近年来,也有一些不同的学术观点。例如,刘作翔就并不同意将法源一般性地划分为正式法源和非正式法源的学术观点,认为这是基于判例法传统而作出的区分,在成文法国家并不具备普适性,并进一步主张,法源是由一国之宪法和立法法所规定的,不可对此过度扩展,在中国大陆能作为法源的只能是正式法源。❷ 虽然争论尚在进行,但总体来看,目前学界通说还是认为构成法源的规范不应仅限于制定法。

(二) 法源是裁决案件所需裁判规范的集合

自利益法学和目的法学在欧洲兴起之后,法理学领域对于法源的相关研究就开始将注意力从立法视角转移到了司法视角。法国现代公法学奠基人莫里斯·奥里乌早在20世纪初便创见性地认为,除了成文法,司法和执法过程中公权力机关所遵循的"标准和指令"也应属于"法律"的范畴。❸ 瑞典学者亚历山大·佩岑尼克则认为,"法律渊源是一种权威性理由",并将法律渊源按照其在司法裁判中所发挥的实际影响力,区别为"必然渊源"(must-source)、"应然渊源"(should-source)和"或然渊源"(may-source)。❹ 这种区分方法不同于博登海默,把注意力转向了文本或惯例在司法实践中的实际影响力和相应的地位,而不是关注某种规范是否在立法学意义上获得充分授权。基于相同的学术立场,舒国滢提出,法律的渊源是"法官在司法过程中寻找和发现适用于具体案件的裁判规范的大致'场所',即法官法源"。❺ 陈金钊也有类似概念界说。❻ 我国最高

---

❶ [美] E. 博登海默:《法理学、法律哲学与法律方法》,邓正来译,中国政法大学出版社 2004 年版,第 429-430 页。

❷ 刘作翔:《"法源"的误用——关于法律渊源的理性思考》,载《法律科学》2019 年第 3 期。

❸ [法] 莫里斯·奥里乌:《法源:权力、秩序和自由》,鲁仁译,商务印书馆 2015 年版,第 151 页。

❹ [瑞典] 亚历山大·佩岑尼克:《法律科学:作为法律知识和法律渊源的法律学说》,桂晓伟译,武汉大学出版社 2009 年版,第 26-28 页。

❺ 舒国滢等:《法学方法论问题研究》,中国政法大学出版社 2007 年版,第 228 页。

❻ 陈金钊:《法律渊源:司法视角的定位》,载《甘肃政法学院学报》2005 年第 11 期。

人民法院牛克乾法官等实务界人士亦认同此说。❶ 总体而言，目前学界基本认同"法源是作为裁决案件所需裁判规范"这一基本内涵。

以上关于法源概念界定的基本学术观点，为研究法源相关问题提供了不同的基本范式。本书基于上述通说，在研究过程中认同和采用了彭中礼对法源的概念界定：法源是多元规范的集合，法官从法源中发现裁决案件所需要的裁判规范。❷

（三）刑法法源语义的界定

具体到刑法领域来说，已有学者指出，在过去相当长的一段时间里，对于刑法法源的研究主要是从"罪刑法定之刑法"的意义上切入的。❸ 也即是说，以往对于刑法法源的讨论，往往将罪刑法定原则作为界定刑法法源的重要前提。如习惯法就因为受到罪刑法定原则的排斥，而通常认为不是刑法法源。因此，刑法法源的语义界定，相比于一般法理学意义上的法源，要受到罪刑法定原则的特殊约束。这一点在成文法主义国家尤为明显。

总体而言，刑法法源的界定和研究，晚于法理学对法源的界定和研究，因此主要观点普遍受到了法理学领域中相关经典观点的深刻影响。随着法理学者对于法源的研究逐渐深入，刑法学者对于刑法法源的语义界定也开始逐步吸纳法理学领域的优秀成果。一个突出的表现是，刑法学界开始逐渐重视"罪刑法定之刑法"以外的法律渊源能否作为刑法渊源。例如，法国刑法学家普拉戴尔对于刑法法源，提出了"超法源、常法源与次法源"的三分法。❹ "次法源"即博登海默所谓"非正式法源"，"常法源"主要是指"正式法源"中的刑事制定法和判例法，"超法源"则是"正式

---

❶ 牛克乾：《刑事法官视野中的刑法渊源》，载《法律适用》2010 年第 1 期。
❷ 彭中礼：《法律渊源词义考》，载《法学研究》2014 年第 6 期。
❸ 王瑞君：《刑法渊源：罪刑法定之"法"及其解读》，载《山东公安专科学校学报》2004 年第 6 期；吴丙新：《刑事司法的实体法渊源——罪刑法定原则的刑法解释学分析》，载《当代法学》2004 年第 1 期。
❹ Pradel, Droit pénal comparé, 2 édition, Dalloz, 2002, p.53. 转引自卢建平：《刑法法源与刑事立法模式》，载《环球法律评论》2018 年第 6 期。

法源"中宪法化了的刑事制定法或刑事法基本原则。这一分类方法在"正式法源"和"非正式法源"的分类基础上,进一步区分了刑法法源的效力位阶层次。而根据当前我国学界通说,"刑法法源"或"刑法渊源"主要是指刑法的"形式渊源",又以刑法典、单行刑法、附属刑法和省级少数民族自治地区人大制定的变通规定等为主要内容。❶ 我国也并未对上述几种样态的刑法法源进行效力位阶区分,上述刑法法源之间出现规定冲突的,一般的做法是商请全国人大常委会作出立法解释。对于其他成文或不成文的规范能否成为刑法法源,刑法学界虽然存在一些讨论,如国际条约、刑事政策、习惯等能否取得刑法法源地位的问题均有学者撰文争鸣,但尚未对已有通说形成突破和超越,乃至形成共识。因此,目前刑法法源问题的相关研究仍然具有较大的空间。

需要明确的是,法源或法律渊源作为基本的法学概念,我们应当承认其在部门法领域中也具有一般的理论意义。也即是说,无论刑法法源的语义界定在罪刑法定的约束下受到何等的限定,其基本内涵不应彻底脱离法理学对法源的概念界定——法源与刑法法源的关系必须是包含与被包含的关系。虽然刑法法源的具体边界尚无定论,但依照法理学目前的通说观点,刑法法源至少应当是"法官用以裁判刑事案件的规范集合",而不仅限于"成文刑法的表现形式"。在此基础上,我们可以认为,一种特定的规范能否作为刑法法源,判断的关键仍然是看其在刑事裁判中作为裁判参照依据是否违反罪刑法定原则。这需要结合其具体的规制内容来判断,而不能做"一刀切"的结论。虽然我们应当旗帜鲜明地坚持罪刑法定原则,进而反对司法机关对刑事规制内容进行"越权解释"。但也应当清醒地意识到,由于罪刑法定原则并不绝对排斥法官在个案裁断中的学理解释,法官对于刑法、立法解释及司法解释条文的理解只要不超出"一般语义"的合理范畴,就并不违反罪刑法定原则。否则就将由于机械司法而使得刑事司法陷入法条主义的误区。

---

❶ 张明楷:《刑法学》(第四版),法律出版社 2011 年版,第 21 页;汪斌、姚龙兵:《论我国刑法渊源》,载《安徽大学学报(哲学社会科学版)》,2014 年第 2 期;杨方泉:《刑法法源论纲》,载《云南大学学报(法学版)》2004 年第 1 期。

对于一种特定的成文或不成文规范能否取得法源地位，以及其具体的法源地位如何，应当在法源学说提供的基本立场之下，结合指涉问题所在的部门法原理进行辩证研判，而不应脱离部门法原理得出"放之四海而皆准"的学理结论。比如对于习惯能否作为法源的判断，刑法与民法就形成了截然不同的学理通说。故对于刑法法源的讨论，无论学者是否持成文法主义立场，都必须在罪刑法定等刑法基本原则的约束下进行。这构成了本书研究的一个基本立足点。故本书在前述法源语义界定的基础上，将刑法法源的语义界定为"罪刑法定原则允许法官用以裁判刑事案件的规范集合"。

三、司法机关会议纪要作为刑法法源的现实应用情况

长期以来，司法机关会议纪要作为一把"双刃剑"，对司法裁判人员进行刑事裁判工作产生了重大影响。这种影响既有便利、简化、统一刑事裁判标准等积极的一面，也有加剧区域性量刑失衡、加剧地方司法机关越权解释等消极的一面。在以往针对刑法法源的相关研究中，司法机关会议纪要的广泛应用及其影响没有得到学界充分的重视。因此，要厘清司法机关会议纪要的法源地位，有必要对其在刑事裁判实务中的现实应用情况进行全面的考察和总结。

（一）司法机关会议纪要在刑事司法实务中的规定事项

近年来，我国司法机关发布的直接规范刑事领域或者内容部分涉及刑事问题的会议纪要，其具体内容和关涉的问题根据应用场域的不同各有侧重。如果以会议纪要的涵摄内容来进行分析，其在刑事司法实务中规定的事项大致可以划分为以下几类。

1. 确定量刑情节及其影响幅度

这类会议纪要的内容，主要是明确和细化刑法分则规定罪名的量刑情节，在量刑环节对法官的自由裁量权进行一定约束和指导。如江苏省高级人民法院、江苏省人民检察院、江苏省公安厅 2013 年 12 月 5 日发布的

《关于办理醉酒驾驶案件的座谈会纪要》第 7 条,专门以 5 款条文对"醉驾"案件的量刑进行了明确规定,包括"被告人血液酒精含量达到 80mg/100ml 的,量刑起点为拘役 1 个月,在量刑起点的基础上,被告人每增加血液酒精含量 50mg/100ml,可增加 1 个月刑期确定基准刑"等内容,具备很强的规范性和可操作性。

2. 细化入罪标准

细化入罪标准,是司法机关会议纪要中最为常见的内容。主要是通过对刑法分则规定的入罪标准进行具体明确和细化,确定某些特定的行为是否入罪。如根据《刑法》第 158 条关于虚报注册资本罪的规定,"虚报注册资本数额巨大"属于法定入罪标准之一,但究竟何种程度属于"数额巨大",刑法分则并未明确规定。而在福建省高级人民法院、福建省人民检察院、福建省公安厅 2001 年 7 月 3 日印发的《关于部分经济犯罪、渎职犯罪案件数额幅度及情节认定问题的座谈纪要》中,则在第 1 条至第 3 条规定:"应当"将"实缴注册资本不足法定注册资本最低限额的,有限责任公司为虚报数额占法定最低限额的 60% 以上,股份有限公司为虚报数额占法定最低限额的 30% 以上"等三种情形认定为虚报注册资本"数额巨大"。这种对于刑法分则条文的解释性规定,从效力上讲,显然已经很难被认为是单纯的学理解释,进而应被看作已具备了类似于司法解释的实质性效力。

3. 重申并强调刑法、立法解释和司法解释中已有的规定

这类内容往往出现在国家新颁布刑法修正案、立法解释和司法解释之后,目的主要是通过会议纪要的形式对下级司法机关传达和强调刑法修正案、立法解释、司法解释的新规定和新变化,宣讲意义大于规范意义。如北京市高级人民法院、北京市人民检察院、北京市公安局 2003 年 9 月 17 日印发的《关于贯彻全国人民代表大会常务委员会〈关于《中华人民共和国刑法》第三百一十三条的解释〉的会议纪要》,其主要内容是如何落实执行全国人民代表大会常务委员会于 2002 年 8 月 29 日印发

的《关于〈中华人民共和国刑法〉第三百一十三条的解释》，对内的工作指导意义大于对外的规范意义，因此这类会议纪要内容很少创设新的规范性条文。

4. 为刑事司法实务提供政策指导

公文中的政策指导内容往往都倾向于务虚，主要是为了强调一些方向性的原则，而这类内容在会议纪要当中或多或少都有一定篇幅的表述。例如，浙江省高级人民法院、浙江省人民检察院、浙江省公安厅2008年12月2日印发的《关于当前办理集资类刑事案件适用法律若干问题的会议纪要》第6条规定："司法机关应当依法妥善处理涉及众多被害人的犯罪案件，积极配合地方党委和政府做好善后工作，尽量将犯罪造成的不良后果降到最低限度，确保社会稳定。要注意及时扣押、冻结、追缴赃款赃物和违法所得，及时将非法集资款返还被害人。"可见，这类条文不仅在表述的语气上少了很多强制的意味，其规范性也大大减弱，对司法实务的指导作用较为有限。

5. 对已有司法解释进行再解释

对于成文法国家而言，地方司法机关对已有司法解释的再解释实属不可避免，只在解释程序和解释效力上尚存争议而已。近年来，我国刑事法律修订频繁，司法解释随之层出不穷，加之社会生活变化日新月异，地方司法机关在刑事法律适用过程中难免遇到诸多疑难。在此背景之下，以会议纪要的形式，对一些地方司法机关认为有必要予以明确的法律和司法解释适用问题进行规定，渐成风气。如江苏省高级人民法院、江苏省人民检察院、江苏省公安厅印发的《关于知识产权刑事案件适用法律若干问题的讨论纪要》，第4条规定了对最高人民法院、最高人民检察院于2004年12月8日颁布的《关于办理侵犯知识产权刑事案件具体应用法律若干问题的解释》第1条所称"假冒两种以上注册商标"认定的理解。该纪要认为在"同一件商品"上假冒两个以上注册商标的，一般不属于该司法解释第1条所规定的"假冒两种以上注册商标"的情形。

6. 关于刑事诉讼程序的变通或补充规定

由于我国刑事诉讼程序尚有大量细节之处并无法律明文规定，许多刑事诉讼事项仍然暂时依靠司法机关内部工作文件进行规范调整，会议纪要不过是众多此类文件形式之中的一种而已。如最高人民法院、最高人民检察院、公安部、司法部在2015年12月25日印发的《刑事案件速裁程序试点工作座谈会纪要（二）》规定："通过中国公安信息网获取的户籍信息、违法犯罪记录、出入境信息、在逃人员信息等材料，下载打印后由二名以上的侦查人员签字并加盖县级以上公安机关印章的，可以作为证据使用。"

7. 对于下级司法机关业务运行的政策和程序指导

这类条文一般规定的是一些具体业务如何操作的问题，往往涉及上下级关系如何理顺、与其他部门关系的处理原则、司法鉴定等技术操作中出现的概念界定等问题，主要是针对特定业务部门或特定业务种类，社会规范性较低。如最高人民检察院、国家税务总局《关于加强检察机关税务机关在开展集中查办破坏社会主义市场经济秩序渎职犯罪专项工作中协作配合的联席会议纪要》第2条规定，除重大案件外，对发生在2003年以前的案件，一般先由税务机关自查，并依法依纪作出处理。对构成犯罪需要追究刑事责任的，由税务机关移送检察机关。

8. 对具有通讯意义的参会信息的发布

20世纪八九十年代，我国最高司法机关发布的早期会议纪要一般都带有明显的通讯功能，突出强调到会领导名单、会议议程甚至会议召开的背景和意义等，其创设规范性条文的功能则在其中显得不那么重要。如1991年9月29日发布的最高人民法院、最高人民检察院和国家税务局《第四次联席例会纪要》，全篇以通讯文稿的体裁行文，主要内容包括领导讲话、会议讨论内容、下次联席会议的主持承办单位等，完全不涉及规范性条文的创设，在内容和性质上都与目前一般的行政机关会议纪要或通讯稿相差无几,不应被视为司法解释性质文件。但这种类型的司法机关会议纪要在进入 21 世纪后就基本销声匿迹,非但在中央司法机关颁布的会议纪要文件中难觅踪迹,也不为地方司法机关所取。值得注意的是,在"北大法宝"的文件"效力级别"一栏中,这份未曾对任何法律条文作出解释性规定、几可被视为通讯文稿的会议纪要却被标注为"司法解释性质文件"。更令人感到费解的是,不到一年后,1992 年 4 月 16 日,最高人民法院办公厅、最高人民检察院办公厅、公安部办公厅、国家税务局办公室印发《第六次联席例会纪要》,虽然发文单位多了公安部办公厅,但文件与前述会议纪要性质相同,其文件"效力级别"却又被标注为"两高工作文件"。而且,除了上述的"第四次"和"第六次"联席例会纪要,其余会议纪要均无法从"北大法宝"和其他可靠来源检索获得。个中混乱,值得深思。

综上所述,司法机关会议纪要规定内容庞杂散乱,功能复杂多样,涉及事务广泛,规范性条文与非规范性条文混杂并存,应用场景不一而足。这些特点为学界对其法源地位的界定带来了很大障碍。

(二) 司法机关会议纪要被刑事裁判文书援引的情况

以"北大法宝"法律数据检索平台检索的资料和信息为依据,对司法机关会议纪要在裁判文书中的援引情况进行分析,情况统计和基本的判断如下。❶

1. 最高司法机关会议纪要援引频率差异较大

通过对最高司法机关现行有效的 18 部刑事会议纪要的裁判文书援引情

---

❶ 检索整理日期:2022 年 7 月 23 日。笔者以"北大法宝"法律数据库为检索平台,对检索得到的会议纪要进行了整理,并根据"北大法宝"法律数据库提供的"法宝联想"数据,对会议纪要在刑事司法实践中的援引情况进行了归纳总结。需要特别说明的是,由于"北大法宝"法律数据库提供的"法宝联想"数据对地方司法机关会议纪要的援引次数统计存在疏漏,笔者不得已在统计地方司法机关会议纪要的援引次数时采用了借助最高人民法院裁判文书网和"无讼"法律文书检索平台进行关键词人工逐一检索的方式,虽然得到了一部分"北大法宝"未曾统计的援引判例,但鉴于目前我国司法信息公开度不够,难免存在数据偏差,因此,本书对地方司法机关会议纪要的援引情况不做定量统计,仅就个案援引情况进行摘录分析。

况进行简要统计（见表5-4），发现最高司法机关会议纪要整体被援引频率较高，尤其是2015年发布的《全国法院毒品犯罪审判工作座谈会纪要》（司法实务中为了易于区分，常简称为"武汉纪要"），出台至今不过7年，却被各级司法机关在裁判文书中援引301次之多，足见其影响力之大。但两极分化情况也是显而易见的，有8部会议纪要的被援引次数为零，4部会议纪要被援引次数为个位数，个体之间差异较大。

表5-4 最高司法机关会议纪要被刑事裁判文书援引情况统计[1]

序号	文件名称	援引数	发布年份
1	全国高级人民法院院长座谈会纪要	0	1989
2	最高人民法院、最高人民检察院和国家税务局第四次联席例会纪要	0	1991
3	全国法院维护农村稳定刑事审判工作座谈会纪要	28	1991
4	最高人民法院办公厅、最高人民检察院办公厅、公安部办公厅、国家税务局办公室第六次联席例会纪要	0	1992
5	最高人民法院、最高人民检察院、公安部办理骗汇、逃汇犯罪案件联席会议纪要	6	1999
6	全国法院审理金融犯罪案件工作座谈会纪要	54	2001
7	最高人民法院、最高人民检察院、公安部关于办理非法经营国际电信业务犯罪案件联席会议纪要	4	2002
8	关于办理假冒伪劣烟草制品等刑事案件适用法律问题座谈会纪要	4	2003
9	全国法院审理经济犯罪案件工作座谈会纪要	76	2003
10	关于加强检察机关税务机关在开展集中查办破坏社会主义市场经济秩序渎职犯罪专项工作中协作配合的联席会议纪要	2	2005
11	关于死刑第二审案件开庭审理工作有关问题的会谈纪要	0	2006
12	全国部分法院审理毒品犯罪案件工作座谈会纪要	124	2008
13	刑事案件速裁程序试点工作座谈会纪要（二）	0	2015
14	全国法院毒品犯罪审判工作座谈会纪要	301	2015

[1] 数据来源："北大法宝"法律数据库。考虑到研究的时效性和现实意义，该表只统计了现行有效的13部会议纪要被援引的情况。

续表

序号	文件名称	援引数	发布年份
15	最高人民检察院关于办理涉互联网金融犯罪案件有关问题座谈会纪要	0	2017
16	最高人民法院、最高人民检察院、海关总署打击非设关地成品油走私专题研讨会会议纪要	0	2019
17	最高人民法院、司法部关于监狱作为赔偿义务机关的刑事赔偿有关问题的调研会议纪要	0	2019
18	最高人民法院刑事审判第三庭、最高人民检察院第四检察厅、公安部刑事侦查局关于"断卡"行动中有关法律适用问题的会议纪要	0	2022

通过查阅分析18部会议纪要的内容，影响这种两极分化现象的主要因素是会议纪要的规定事项。被援引次数为零的8部会议纪要，从整体功能上来看，有3部属于工作业务指导类型的内部工作文件，有3部属于刑事诉讼程序补充规定，基本不具有在裁判理由中被援引的实际意义。而被援引次数为个位数的4部会议纪要，主要是因为规定的犯罪种类发案率相对较低而导致的被援引次数少。

2. 司法机关会议纪要可影响刑罚执行和消灭

四川省资中县人民法院在张某秀非法吸收公众存款案的判决理由中阐述道："根据《关于我省办理非法集资刑事案件若干问题的会议纪要》的精神，民事裁判已生效但尚未执行的案件，法院审查后，对民事裁判停止执行，与刑事案件一并执行的规定，集资参与人王某2、张某3、曾某、王某3、黄某3的民事裁判与刑事案件一并执行，故此吸存款项不再作为犯罪金额认定。"[1] 此外，成都市中级人民法院也在段某良案的裁定理由中阐述道："本院认为，罪犯段某良利用业余时间发明创造并获得四项实用新型专利，根据四川省高级人民法院、四川省人民检察院、四川省公安厅、

---

[1] 张某秀被控非法吸收公众存款罪案，四川省资中县人民法院（2017）川1025刑初235号刑事判决书。

四川省司法厅川司法发（2009）50号《刑罚执行工作联席会议纪要》第三条的规定，段某良具有重大立功表现。"❶ 由上述两案例可见，司法机关会议纪要在刑事司法实践中调整的事项范围并不仅限于定罪量刑，而已经延伸到了刑罚执行和消灭的环节。

3. 司法机关会议纪要对刑事附带民事诉讼赔偿亦有影响

在宋某传故意伤害案中，法官在判决理由中阐述道："根据《文山州中级人民法院关于印发〈关于审理人身损害赔偿案件中误工费、护理费计算标准的会议纪要〉的通知》规定，我州误工费及护理费已作更改，本案误工费及护理费亦应参照更改后的标准计算。"❷ 可见，地方司法机关会议纪要对刑事附带民事诉讼赔偿亦有规范性影响，且由本例来看，规定此类事项的地方司法机关也包括中级人民法院这样的地市级司法机关，这意味着其会议纪要规定事项生效范围更窄，更难被检索，从而使得其规定事项在司法应用的层面上来看更具有地域特殊性。

4. 一些地方司法机关会议纪要虽未被明文援引但对裁判存在实际影响

笔者在检索过程中发现一些刑事裁判文书虽然没有明文援引地方司法机关会议纪要，但可以从同类判决中看出，此类司法裁判有明显的痕迹表明受地方司法机关特定会议纪要的影响。比如，笔者在"无讼"裁判文书检索网站上以"倒卖网络银子"为关键词，全文检索，得到18份裁判文书。❸ 值得注意的是，这18份裁判文书案由均为开设赌场罪，且裁判法院全部属于浙江温州，其中基层人民法院判决书17份，中级人民法院判决书1份。虽然其中并没有裁判文书援引地方司法机关会议纪要作为判决理由，但笔者从温州市中级人民法院官方网站上检索到了一份名为《2013年温州

---

❶ 段某良被控组织、领导黑社会性质组织罪案，成都市中级人民法院（2013）成刑执字第429号刑事裁定书。
❷ 宋某传被控故意伤害罪案，云南省西畴县人民法院（2015）西刑初字第45号刑事判决书。
❸ 检索日期：2019年11月13日。

市公检法刑事执法工作联席会议纪要》的司法文件,❶ 其中第4部分第1条规定了关于提供网络银子兑付、倒卖行为的定性问题:"利用网络平台,针对不特定人员,提供网络银子兑付或倒卖行为的,应认定为开设赌场的行为,符合定罪标准的,可按开设赌场罪定罪。"基于上述事实,有理由相信,以上18份裁判文书中"倒卖网络银子"的特定用语有极大可能是来源于温州市的这份会议纪要,进而可以认为,在上述18起开设赌场罪的案件审理过程中,审判人员可能从不同程度上受到了该会议纪要的影响。虽然笔者暂时无法获得审判实务中更为有力的证据去证实上述推断,但足以说明,地方司法机关会议纪要对审判人员是否产生影响和约束,并不以其是否在裁判文书中明确被援引为判断标准。

更为典型的是,福建省高级人民法院、福建省人民检察院、福建省公安厅于2001年7月3日印发的《关于部分经济犯罪、渎职犯罪案件数额幅度及情节认定问题的座谈纪要》中,明文要求下级司法机关"针对部分经济犯罪案件在司法实践中掌握,但不得在法律文书中当作依据援引"。这一规定使得该纪要不可能被福建省的司法机关刑事裁判文书所援引,但不可否认该会议纪要的规定对福建省司法机关刑事裁判具有很强的规范作用。显然,这种既要求下级司法机关遵照执行,又不得在裁判文书中正式援引的态度,所折射出的正是当前司法机关会议纪要在司法审判中复杂的法源地位。

(三) 司法机关会议纪要的省际量刑分歧对比

为了更为直观、具体地分析司法机关会议纪要在定罪量刑过程中作为法源所存在的现实冲突问题,本书刻意选取了江苏和浙江两个相邻且经济文化背景相差不远的省份先后出台的两份关于"醉驾"案件的司法机关会议纪要——江苏省高级人民法院、江苏省人民检察院、江苏省公安厅《关于办理醉酒驾驶案件的座谈会纪要》与浙江省高级人民法院、浙江省人民

---

❶ 检索网址:http://www.wzfy.gov.cn/ygsf/fywj/。最后访问日期:2019年11月13日。

检察院、浙江省公安厅《关于办理"醉驾"案件的会议纪要》进行对比。❶

为了方便对比，本书对江浙两省办理"醉驾"案件会议纪要的量刑规定的会议纪要内容做了摘录对比，按照"从重情节""从轻情节""缓刑适用条件"三个角度制作了对比表格（见表5-5、表5-6、表5-7）：

表5-5 江浙两省办理"醉驾"案件会议纪要在从重情节方面的规定分歧

序号	规定事项	江苏省	浙江省
1	呼气测试后当场饮酒的	未规定	从重
2	发生交通事故	从重	造成他人轻伤及以上后果的从重，其他未规定
3	为逃避法律追究逃离现场或抗拒检查	从重	情节严重的，从重
4	在高速公路、城市快速道路、城市闹市区路段上驾车的	从重	不包括城市快速道路和城市闹市区路段
5	醉驾时有其他交通违法行为	从重	除无驾驶汽车资格的和明知是不符合安检标准或者已报废的汽车而驾驶的两种情况从重之外，其他未规定
6	具有违法或犯罪前科	从重	曾因酒后驾驶3年内、醉酒驾驶5年内被追究的，从重
7	具有先前严重交通违法行为	从重	未规定
8	在诉讼期间拒不到案或者逃跑的	未规定	从重
9	血液内酒精含量	每增加50mg/100mL，可增加1个月刑期确定基准刑	未规定

---

❶ 浙江省司法机关分别于2012年、2017年、2019年出台了三部关于办理"醉驾"案件的会议纪要，此处为了便于对比，选取最典型的2017年版进行分析对比。

表5-6 江浙两省办理"醉驾"案件会议纪要在从轻情节方面的规定分歧

序号	规定事项	江苏省	浙江省
1	醉酒程度较低、犯罪情节轻微、认罪悔罪态度较好、被害人谅解	从轻	未规定
2	醉酒驾驶摩托车	量刑幅度根据具体情形适当下调	酒精含量在160mg/100mL以下,且没有造成他人轻伤及以上后果的,可以不作为犯罪处理
3	醉驾电动车	不作为犯罪处理	没有造成他人轻伤及以上后果的,可以不作为犯罪处理
4	醉酒在广场、公共停车场等公众通行的场所挪动车位的,或者由他人驾驶至居民小区门口后接替驾驶进入居民小区的,或者驾驶出公共停车场、居民小区后即交由他人驾驶的	未规定	可以不作为犯罪处理
5	在农村人员稀少、偏僻道路上醉酒驾驶摩托车,行为人血液酒精含量未超过醉酒标准20%,且未发生事故,或者虽然发生交通事故但仅造成自伤后果或者财产损失在2000元以内的	不作为犯罪处理	未规定
6	被告人构成自首或如实供述犯罪事实、认罪态度较好的	从轻	未规定
7	积极赔偿被害人经济损失的	从轻	未规定

表5-7 江浙两省办理"醉驾"案件会议纪要在缓刑适用条件方面的规定分歧

序号	规定事项	江苏省	浙江省
1	发生交通事故,致他人受伤或较大财产损失,尚未构成其他犯罪的	不适用缓刑	造成他人轻伤及以上后果的不适用缓刑

续表

序号	规定事项	江苏省	浙江省
2	有严重违反道路交通安全法的行为的	不适用缓刑	无驾驶汽车资格的和明知是不符合安检标准或者已报废的汽车而驾驶的两种情况不适用缓刑，其他未规定
3	血液酒精含量在 200mg/100mL 以上的	不适用缓刑	醉酒驾驶汽车，酒精含量超过 180mg/100mL 的，不适用缓刑，摩托车不在此列
4	在高速公路或城市快速道路上驾驶的	不适用缓刑	不包括城市快速道路
5	逃避公安机关执法检查，或者阻碍检查但尚未构成其他犯罪的	不适用缓刑	情节严重的，不适用缓刑
6	在诉讼期间拒不到案或者逃跑的	未规定	不适用缓刑
7	曾因酒后驾驶 3 年内、醉酒驾驶 5 年内被追究的	不适用缓刑，且没有前科时间限制	不适用缓刑
8	摩托车醉驾	可以根据案件具体情况适当放宽缓刑的适用条件	未规定
9	醉酒驾驶机动车犯罪，同时构成其他犯罪的	未规定	依法以处罚较重的规定定罪处罚，并不得适用缓刑
10	醉酒驾驶超标两轮电动车，造成他人轻伤及以上后果，酒精含量在 200mg/100mL 以下	不作为犯罪处理	符合缓刑适用条件的，可以适用缓刑
11	认罪认罚	未规定	适用缓刑的必备要件

从上述对比中，我们可以看出其中存在的一些问题。首先，部分司法机关会议纪要存在越权解释，且由于规定分歧可能产生新的量刑失衡问题。关于量刑失衡问题，已有的大量研究成果习惯于在立法层面上和司法

个体层面上进行量刑失衡归因。目前，大体上可以认为量刑失衡的主要原因有三大类：一是立法层面上的量刑准则不完备、不明确；二是司法裁判人员由于各种原因滥用或误用自由裁量权；三是审判制度和诉讼程序上的漏洞没有得到填补。三种主流归因当中，第一种属于量刑实体治理模式的范畴，第三种属于量刑程序治理模式的范畴，第二种则二者兼而有之。但三种主流归因编织的因果网络中留有一块"飞地"无人问津，这便是司法机关会议纪要。其一，司法机关会议纪要从严格的法理意义上讲并不属于立法范畴，认定其属于司法解释也不符合现行法律规定；其二，司法机关会议纪要也不是司法个体所制定发布的，而是由各级司法机关以集体名义制定和发布的，并不专门针对具体的个案裁判，自然也谈不上滥用或误用自由裁量权；其三，司法机关会议纪要对于刑法和司法解释的再解释也并不涉及审判制度和诉讼程序，反倒是其制定和发布程序值得商榷。正如上述表格所对比列示的，相邻两省，在经济文化背景相差不多的情况下，关于"醉驾"这一典型的轻罪案件的量刑标准居然可以产生如此之多、如此之大的分歧和差异，这值得学界与法律实务界注意。

根据最高人民法院司法大数据研究院、司法案例研究院于2016年11月制作发布的《司法大数据专题报告之危险驾驶罪》，对2014年1月1日至2016年9月30日间全国危险驾驶罪案例的统计，浙江省危险驾驶罪审结案件数量全国排名第一，占全国案件数量的15.5%之多，江苏省则位居其后，名列前三。根据该调研报告提供的数据，全国危险驾驶罪案件中，99%的案件涉及酒驾，只有1%的案件为追逐竞驶或超速、超载等情况，因此可以认为该报告中的绝大多数数据也可以视作针对"醉驾"案件的统计反馈。同为"醉驾"案件发案大省，两省出台的司法机关会议纪要所规定的量刑标准差异如此之大，显然使得两省"醉驾"案件的量刑相比之下有"失衡"之嫌。比如，在机动车类型的认定上，《司法大数据专题报告之危险驾驶罪》在统计上并未将两轮电动车纳入刑法分则中危险驾驶罪所规定的机动车范畴。江苏省亦援引《道路交通安全法》的规定，将两轮电动车排除于机动车的范畴之外，从而不将醉驾两轮电动车的行为作为犯罪处理。浙江省却将两轮电动车认定为机动车，并规定，醉驾两轮电动车且造成轻伤及以上后果的,以危险驾驶罪论处,仅在缓刑适用条件上相比于醉驾汽车等传统认知上的机动车适当放宽。"定罪的实质意义与其说是对犯罪行为进行定性,不如说是给量刑提供必要的前提和恰当基础。"❶ 虽然没有充分的证据证明浙江省醉驾案件发案率居高不下与该司法机关会议纪要中将醉驾电动两轮车致人轻伤以上的情形以危险驾驶罪论处的规定有直接关联,但这一规定确实构成了对《刑法》和《道路安全交通法》中"机动车"的扩大解释甚至类推解释。从上述列表对比中可以发现,这种解释在地方司法机关会议纪要中并非孤例。不论这种解释是否属于有权解释以及其是否合理,至少我们可以发现,量刑失衡问题并不是单纯依靠立法机关和司法机关出台一系列明确可参照的量刑准则就可以解决的。或者说,制定量刑准则本身不仅不是治理量刑失衡问题一劳永逸的灵丹妙药,其自身也有诸多深层次的法律问题需要解决,而这些问题从刑法教义学的角度来看,可能比量刑失衡问题本身更为重要。正如松宫孝明所言:"法的解释和适用必须具有'同样的事情做同样的处理'这种意义上的普遍性和客观性。在每一个别问题上,如果采取的是仅在解决个别问题时看似较为妥当的'权宜'的解释,终究无法实现社会的统一。"❷ 若是各省出台的司法机关会议纪要对定罪量刑的参考性规定各行其是、恣意解释,那么非但没有在量刑实体层面上解决量刑失衡问题,反而使得司法机关会议纪要在本身的合法性和合理性面临巨大质疑的同时,可能形成新的量刑失衡归因点。

其次,一些司法机关会议纪要缺乏充分的刑罚裁量依据。早有学者指出:"如果头脑中缺乏刑罚裁量的理念、目的、政策的指引,有可能导致对《量刑指导意见》的适用变成机械的数字性游戏。"❸ 其实何止是量刑指导意见,在刑罚裁量依据不明的情况下,任何类型化的量刑情节和其量刑幅度规定都有沦为"数字性游戏"的危险。仍以江浙两省"醉驾"犯罪的两份司法机关会议纪要为例,两省都将"酒驾前科"作为缓刑适用的量刑情节之一。浙江规定"曾因酒后驾驶三年内、醉酒驾驶五年内被追究的"

---

❶ 石经海:《量刑个别化的基本原理》,法律出版社2010年版,第413页。
❷ [日]松宫孝明:《刑法总论讲义》,钱叶六译,中国人民大学出版社2013年版,前言。
❸ 王瑞君:《量刑情节的规范识别和适用研究》,知识产权出版社2016年版,第127页。

明确不适用缓刑；江苏则在严厉性上更进一步，将"被告人曾因酒后驾驶机动车受过行政处罚或者刑事追究的"直接作为可以适用缓刑的"但书"情况，从而无论距被告人"酒驾前科"已经过去了多长时间，均不适用缓刑。在本书看来，这一规定正是缺乏刑罚裁量根据支持的典型表现。诚然，《刑法》中确实对于犯罪前科影响缓刑适用作出了明确规定，如《刑法》第74条规定"对于累犯和犯罪集团的首要分子，不适用缓刑"。但是将"酒驾前科"和犯罪前科相提并论，显然是不妥当的，前者包括酒后驾车但尚未构成危险驾驶罪的情况，只能加以行政处罚。而且，根据《刑法》第65条的规定，"被判处有期徒刑以上刑罚的犯罪分子，刑罚执行完毕或者赦免以后，在五年以内再犯应当判处有期徒刑以上刑罚之罪的，是累犯，应当从重处罚"。现行刑法意义上的一般累犯尚且有"五年以内再犯应当判处有期徒刑以上刑法之罪"的条件限制，将即使构成"醉驾"起刑点也不过拘役的"酒驾"行为类比于一般累犯而一律不适用缓刑当然是值得质疑的。即使拿出《刑法》第72条为上述规定的合理性做辩护，认为这一规定是对被告人的人身危险性进行评估之后得出的结论，具有"酒驾前科"的被告人具有更高的再犯危险性，从而不符合缓刑的一般适用条件，这一辩驳的说服力也并不充分。按照江苏省的规定，具有"酒驾前科"的被告人实际"享受"了《刑法》第66条规定的"特别累犯"的待遇，人身危险性评估结果直追"危害国家安全犯罪、恐怖活动犯罪、黑社会性质的组织犯罪的犯罪分子"这三类在累犯的认定上不考虑前科犯罪时间的被告人。判定上述规定存在争议虽然简单，发掘其规定背后的深层原因则变得严肃而困难。表面上看，问题是由于上述规定没有正确对待"醉驾"案件被告人的人身危险性和再犯可能性导致的。更深层次的原因则是责任主义或罪责原则的意识尚未在司法机关刑罚裁量中确立应有的地位，突出表现为报应刑权重过大，而预防刑则没有被充分考虑。缓刑是一种典型的体现特殊预防刑罚目的的量刑制度，但从上述规定来看，文件制定者立足于社会威吓进行一般预防的刑罚目的则占据了核心地位，对轻罪缓刑适用无比"吝惜"所导致的轻罪重刑现象也很难说对实现特殊预防有什么突出的效果。

（四）司法机关会议纪要的公开情况

根据罪刑法定原则对于刑法法源的"明确性"要求，司法机关会议纪要作为一种司法机关创制的成文规范性文件，如果能够作为法源在司法裁判中进行应用，则必须在对社会公众的公开程度上达到一定的水平。基于这一原则，我们有必要对司法机关会议纪要当前的公开情况进行评析。

1. 司法机关会议纪要缺乏统一而全面的查询渠道

目前来看，各级司法机关会议纪要并没有统一的查询渠道，尤其是省级以下的部分地方司法机关会议纪要甚至无法在网络上公开查询。目前可以查询到司法机关会议纪要全文内容的权威手段主要有两种：一种是网络平台检索，如"北大法宝""北大法意"等专业法律法规检索平台；另一种是纸质出版物检索，如人民法院出版社法规编辑中心出版的《解读最高人民法院司法指导性文件》中就收录了一部分最高人民法院发布的会议纪要。但两种方式不仅各有严重不足，而且都无法显示司法机关对于所制定会议纪要的信息公开所具备的"诚意"。也即是说，目前能够查询到的司法机关会议纪要文件，有相当大的一部分比例，是民间渠道自发整理收录的，而并非官方主动建设公开渠道的结果。

从网络平台检索来看，"北大法宝"作为我国法学理论和法律实务最为常用的法律法规检索平台之一，其权威性和全面性当属网络法律法规检索平台中的典型。但即使是这样的检索平台，对司法机关会议纪要的收录也仅限于最高司法机关和省级司法机关两个层级。而且即使是省级以上司法机关发布的会议纪要，笔者也在检索过程中发现至少 5 份现实存在的会议纪要不在"北大法宝"的收录范围之中。[1] 许多省级以下的地方司法机关会议纪要散见于"找法网"等律师服务平台和律师个人运营的微信公众号等自媒体，这对司法机关会议纪要的检索以及其真伪的区分鉴定造成了

---

[1] 如《全国部分法院审理黑社会性质组织犯罪案件工作座谈会纪要》《重庆市关于办理妨害人民法院执行的刑事案件若干问题的会议纪要》等，由于篇幅所限，不再一一罗列。

极大的障碍。同时,"北大法宝"这样的专业法律检索平台并不是完全免费的检索途径,其作为特定群体进行学术研究的辅助工具尚可接受,但在公示公开的意义上,这样的专业付费平台并不适合承担司法公开的职能。

从纸质出版物检索来看,司法机关会议纪要的内容主要收录于法律法规汇编类的出版物中,这种公开方式主要存在三个缺点。一是纸质出版物造价不菲,尤其是法律类工具书,价格动辄成百上千元,非法律专业人士往往囊中羞涩,缺乏购买意愿,公示及普法意义近乎于无。二是收录不全,选择性公开,以前文所述人民法院出版社法规编辑中心2017年出版的《解读最高人民法院司法指导性文件》刑事卷为例,收录最高人民法院会议纪要不过10篇,且收录范围与"北大法律信息网"互有遗漏。❶ 三是未有收录省级及省级以下司法机关会议纪要的专门检索出版物,然而在司法实践当中,省级及省级以下司法机关会议纪要的数量要远多于最高司法机关会议纪要的数量,而实践中出现的大量司法机关会议纪要适用问题也主要集中在省级及省级以下的司法机关会议纪要上。

综合来看,当下司法机关会议纪要的检索手段匮乏而不便,远不能从对社会公众公示公开的意义上满足社会各界人士的检索查询需求。

2. 部分司法机关对刑事会议纪要公开存在一定的消极抵触心理

司法机关(尤其是地方司法机关)自身缺乏公开意识是司法机关会议纪要公开不力的一个重要因素。一方面制定会议纪要文件的司法机关要求下级司法机关遵照执行,另一方面又往往不希望下级司法机关在适用会议纪要文件时在裁判文书当中直接援引。福建省高级人民法院、福建省人民检察院、福建省公安厅出台的《关于部分经济犯罪、渎职犯罪案件数额幅度及情节认定问题的座谈纪要》,就是一个富有代表性的例子。该会议纪要明确要求下级司法机关对该会议纪要的内容"针对部分经济犯罪案件在司法实践中掌握,但不得在法律文书中当作依据援引"。当然,我们也应

---

❶ 最高人民法院、最高人民检察院、公安部、司法部联合印发的《刑事案件速裁程序试点工作座谈会纪要(二)》等三篇可以在"北大法律信息网"上检索获得的会议纪要,在该书中就并未收录。

当看到，这份会议纪要文件出台时间较早，随着时间的推移和我国法治文明的进步，在新近出台的司法机关会议纪要中已经很少见到这样直接的表述，但不可否认的是，司法机关如果存在对于刑法法源适用和公开的消极抵触心理，对罪刑法定原则的贯彻落实将会构成相当大的阻碍。

3. 司法机关会议纪要的表述缺乏统一的公文标准而难于检索

在检索过程中，笔者还发现，目前司法机关会议纪要文件存在多种表述形式，有的文件表述为"座谈会纪要"❶，有的则直接表述为"纪要"❷，有的表述为"会议纪要"❸，有的表述为"讨论纪要"❹，还有的表述为"座谈纪要"❺。这对检索带来了一定不便。此外，在文件的文号标识上也较为混乱，存在部分司法机关会议纪要无文号或不公开文号的问题，导致从民间网络渠道检索获得的一部分会议纪要文件因为无文号标识根本无从判断文件的真伪。检索中还出现了一部分司法机关会议纪要以司法机关内部工作部门（如公诉处、刑事庭等）的名义下发，使人难以判断这类司法机关会议纪要是否具有作为刑法法源的对外效力。

4. 司法机关会议纪要的公开缺乏相应的法律依据和考核制度保障

对于司法公开在立法层面上缺乏充分法律依据的问题，近年已有学者撰文探讨过。❻ 目前在调整和规范国家机关信息公开事项的规范性法律文件中，《政府信息公开条例》位阶最高，但也仅属于行政法规而已，并没有上升到法律层面。而且，基于我国政体对国家机关权力的分配，司法信

---

❶ 如安徽省高级人民法院、安徽省人民检察院、安徽省公安厅印发的《关于办理合同诈骗等犯罪案件工作座谈会纪要》。
❷ 如江苏省高级人民法院《关于民间借贷、借款、担保合同案件涉及经济犯罪若干问题的纪要》。
❸ 如浙江省人民检察院公诉处印发的《毒品类犯罪案件疑难问题专题研讨会会议纪要》。
❹ 如江苏省高级人民法院、江苏省人民检察院、江苏省公安厅《关于知识产权刑事案件适用法律若干问题的讨论纪要》。
❺ 如河南省高级人民法院、河南省人民检察院、河南省公安厅印发的《关于我省适用新刑法有关条款中犯罪数额、情节规定的座谈纪要》。
❻ 闫博慧：《我国司法公开的主要障碍及其保障探析》，载《法学杂志》2016年第4期。

息公开并不属于《政府信息公开条例》所调整的事项，因此司法机关会议纪要的公开目前并没有相应的法律依据进行明确的规定，只是由最高人民法院和最高人民检察院通过对刑事诉讼法等具体法律进行司法解释或出台相应的司法指导性文件进行规范。这些规范措施又往往过于原则，如何操作执行、如何监督救济，各级人民法院要么各行其是，要么置之不理，缺乏统一的规范和治理依据。

与此同时，尽管司法公开全面推行已经十多年，但目前来看，司法公开在司法机关考核的层面上尚未形成较为完善的体系化制度规定。时任最高人民法院副院长江必新亦曾就此问题撰文，并认为"从全国法院情况看，司法程序公开还缺少一套科学合理、可操作性强、完整统一的考核评价体系"[1]。根据最高人民法院制定下发的《司法公开示范法院标准》及考评办法，司法公开落实情况的考评应从立案公开等《关于司法公开的六项规定》中规定的六个司法环节再加上工作机制一共七个方面进行。但在百分制的考评制度中，审务公开的权重只占到10分，而其中规范性文件和审判指导意见的公开又与工作流程、人员状况等其他诸多司法信息"共享"五分的分值。此外，该考评办法并未规定考评的奖惩后果。即便如此，该考评办法也仅在司法公开示范法院执行，而并未普及于全国法院。综合来看，司法机关会议纪要作为刑法法源的公开，在司法公开考评制度中的重要性有待提升，其考评办法亦有待细化。

5. 司法机关会议纪要公开程度不足降低了司法公信力

在我国目前刑事理论和实践中，包括司法机关会议纪要在内的司法指导性文件，如个案答复、领导讲话等，皆不具备正式法源的地位。最高人民法院和最高人民检察院出台的《关于地方人民法院、人民检察院不得制定司法解释性质文件的通知》亦有成文规定：地方司法机关不得擅自制定带有司法解释性质的规范性文件并在裁判文书之中引用。但既然名为"指导"，就必然有亟待"指导"的实在需求。当前在司法责任制全面落实，

---

[1] 江必新、程琥：《司法程序公开研究》，载《法律适用》2014年第1期。

错案倒查机制的压力下，司法机关办案人员面临错案终身追责的职业风险，自由裁量权在一定程度上被隐性抑制。在这种大背景下，如何避免错案成为每个司法人员在办案过程中面对的首要问题，而在这种谨小慎微的心态下，被动遵循乃至积极寻求上级司法机关的"指导"就成了现实需求下的必然选择。相比于逐级上报最高司法机关获取批复意见乃至制定司法解释这一程序上相对烦琐、时间上相对缓慢的选择，由上级司法机关或者本级司法机关直接以会议纪要的方式制定可以适用于个案的规范性文件，为制定法依据尚不明确的个案审判创造"法律依据"，不失为避免错案的一种简单、便捷的操作方式，即使在法理上这种做法并没有获得充分授权。

司法权威的成立，以司法过程的公开透明和司法结果的充分说理为基本前提。❶ 司法人员一方面不得在裁判文书当中直接援引司法机关会议纪要，另一方面又面临"遵照执行"和司法责任制的压力，这种两难的选择反映在司法公开上，就具体表现为司法机关会议纪要难以及时、充分、高效地公开。这种"可使由之，不可使知之"的做法带有一定的"司法神秘主义"色彩。表面上看，所有依据司法机关会议纪要作出的司法裁判都"有章可循"，但"有章可循"如果建立在裁判依据的不公开、不明确上，那么这种"有章可循"不仅不符合司法公开的精神，亦与成文法主义的基本原则相悖。经过多年努力，在庭审公开、裁判文书公开等领域，司法公开工作已经取得了一系列的成就，可以说司法公开已经不仅作为一种制度概念存活于我国司法实践之中，而已经成为一种司法工作的基本价值导向为社会公众所接受。在此种背景之下，建立和完善司法机关会议纪要公开制度既是在肯定既往司法公开工作成果的基础上打通司法公开改革的"最后一公里"，亦是扫除司法公开进程中残余的最后一块"顽石"的必然要求。

"审务公开的直接目的是提升司法公信而非程序公正。"❷ 对于司法公

---

❶ [美]德沃金：《法律帝国》，李常青译，中国大百科全书出版社1996年版，第273页。
❷ 高一飞、莫湘益：《论审务公开》，载《电子政务》2012年第12期。

开的价值取向，最高人民法院在《关于司法公开的六项规定》中，早有相关成文规定明示："保障人民群众对人民法院工作的知情权、参与权、表达权和监督权，维护当事人的合法权益，提高司法民主水平，规范司法行为，促进司法公正。"仍以刑事领域为例，从法律解释学通说的角度看，当前绝大部分司法机关会议纪要在刑事领域的规定都存在越权解释的现象，如在前述浙江省高级人民法院、浙江省人民检察院、浙江省公安厅印发的《关于办理"醉驾"案件的会议纪要》中，就将"两轮电动车"扩大解释为"机动车"，从而扩大了危险驾驶罪的入罪范围。浙江省此份会议纪要的规定是否合理合法，不属于本书讨论范围，但可以肯定的是，在"醉驾"发案率如此之高的地区，如果司法机关会议纪要对入罪要件做了扩大解释（甚至可能是刑法禁止的类推解释），却不对公众做充分的信息公开，显然有违现代法治精神，更遑论维护公众的知情权利。以司法机关会议纪要为典型的司法指导性文件，其存在的最大意义就是指导司法工作人员的司法裁判工作，以避免冤假错案的发生和"同案不同判"的裁判分歧，其本质目的仍然在于维护和提升司法公信力。如果司法机关会议纪要的出台只是减少了司法机关工作人员的裁判压力和难度，却在司法公信力上打了折扣，无疑是一种南辕北辙的选择。

早在2009年我国司法公开工作全面推行之初，就有调研报告指出当时"司法公开更多的被定位于司法权力的运行方式……导致程序的工具化和公开的形式化。"[1] 如今十多年过去，司法公开的广度和深度虽然已经不可与当年同日而语，但上述论断仍值得当下每一位法律工作者警惕。这样的强调并不是杞人忧天。对于司法机关会议纪要等规范性文件或审判指导意见的公开，乃至审务公开本身，早在最高人民法院《关于司法公开的六项规定》中就有明确的规定，时至今日仍然存在一系列问题，这不得不使人对司法公开精神如何能贯彻司法全程产生深度思考。随着改革已经进入深水区，司法公开精神能否真正贯彻于我国司法权力运行的每一个角落而不

---

[1] 北京市第一中级人民法院课题组、王明达、吴在存：《关于加强司法公开建设的调研报告》，载《人民司法》2009年第5期。

留任何死角，既取决于顶层设计，亦取决于实践运作。目前来看，司法公开改革在深入程度上已经走出了司法机关的"舒适区"，下一步的进一步深化要求各级司法机关具备较高的法治自觉和改革魄力。司法机关会议纪要作为一种在司法工作中常用而"便捷"的工具，难免会有司法机关和司法人员对其产生一定的"指导"依赖。这种心理如果不能有效破除，司法公开的精神在司法实践中就很难真正成为一种全民信仰，其对于人权保障的价值和功能也就无法充分发挥。

综上所述，司法机关会议纪要作为刑法法源，在罪刑法定原则所要求的"明确性"上存在显著缺陷。

四、司法机关会议纪要刑法法源地位的合理界定

（一）讨论司法机关会议纪要刑法法源地位的现实背景

众所周知，我国刑事法律近年来频繁修订，相关司法解释亦步亦趋。背后的原因无非社会生活飞速发展，法律调整的对象和应用环境都产生了巨大变化。以陈兴良为代表的一些刑法学者认为，司法解释制度本身对于法官的自由裁量权也是一种有效的限制。[1] 但从司法实践来看，一般来说，越基层的司法机关遇到的案件数量越多，进而可能面对的法律适用问题也就越多。这些疑难问题往往具有多种学理解释并存的可能性。显然，基层司法机关没有权力也没有相应的能力给出权威且令诉讼参与者和公众信服的唯一答案。而如果把出台相应的司法解释作为解决这一问题的唯一手段，显然又会大幅度降低司法效率。正如刘艳红所指出的："凡是有了司法解释的刑法条文，在司法实践中几乎不可能再适用刑法典，而绝对是更详细更具体更好操作的司法解释的直接运用。"[2] 我国司法解释发布程序业

---

[1] 陈兴良：《奸淫幼女构成犯罪应以明知为前提——为一个司法解释辩护》，载陈兴良主编：《中国刑事司法解释检讨——以奸淫幼女司法解释为视角》，中国检察出版社2003年版，第114页。

[2] 刘艳红：《观念误区与适用障碍：新刑法施行以来司法解释总置评》，载《中外法学》2002年第5期。

已成熟，一部司法解释，需经立项、起草、审核、审议、发布、备案六大程序方可生效，地方司法机关遇有法律适用疑难报请最高司法机关进行司法解释的程序则更为复杂。可见，司法解释的制定，尤其是刑事司法解释，是相当慎重的，这种慎重背后无可避免的缺点是时效性差。如2017年6月30日最高人民法院、最高人民检察院发布的《关于办理扰乱无线电通讯管理秩序等刑事案件适用法律若干问题的解释》，其中对设置"伪基站"等行为做了相关界定，然而以"伪基站"为关键词在裁判文书网上进行刑事裁判文书检索，可以获得3668个检索结果，❶ 这说明"伪基站"这一概念在出台司法解释之前早已应用于地方司法机关刑事裁判文书之中。而且可以发现，至迟在2013年，地方司法机关就已经在判决书中使用了"伪基站"这一概念。这说明刑事司法解释的发布往往具有滞后性。为了缓和这种滞后性和案件裁判的时效性之间不可调和的矛盾，地方司法机关势必要在司法解释和地方法官自由裁量权之间设置一个缓冲地带，在出台正式的司法解释之前，暂且使用会议纪要这一文件形式对所辖法官的自由裁量权进行约束和规范，是基于目前司法实践的较优选择。虽然这种约束和规范的程度与会议纪要的发布程序尚待完善，但这一选择显然是目前解决上述问题已知成本最小的路径选择。

现实也印证了这一点。早在2012年，最高人民法院和最高人民检察院就明文规定，地方人民法院、人民检察院不得制定司法解释性质文件。❷ 多年过去，仍有大量带有司法解释性质的地方司法机关会议纪要制定和发布，而且不仅省级司法机关存在这种情况，省级以下司法机关亦有染指。这说明，以司法机关会议纪要的形式指导和约束法官自由裁量权，在当下的司法体制中，仍是一种具有生命力的实践行动。当然，虽然带有司法解释性质的地方司法机关会议纪要仍在制定、发布和使用，但毕竟没有在法律上获得明确授权，一旦离开"指导"二字圈定的范畴，以会议纪要为典型代表的所有地方司法指导性文件的合法性就会受到更大质疑。这使得地

---

❶ 检索日期：2019年11月28日。
❷ 最高人民法院、最高人民检察院《关于地方人民法院、人民检察院不得制定司法解释性质文件的通知》。

方司法机关在制定司法机关会议纪要时不得不对内容表述多加注意，对既有法律法规条文的解释都在指导下级司法机关业务的视角下进行语言组织。同时，这也决定了司法机关会议纪要的制定主体和指导对象都应当限定在司法系统内部。以上这些，构成了讨论司法机关会议纪要法源地位的现实背景。

（二）司法机关会议纪要的应然刑法法源地位

相比于学界对刑法法源的慎重识别和选择而言，司法实务部门对刑事审判依据的选择显然要宽广一些，这也成为学界对刑事司法实务运行的一大诟病。虽然目前司法机关会议纪要的法源地位尚无大量直接而充分的学术研究成果进行理论研究的交锋，但长期以来对于司法权力规范运行的研究，为研究司法机关会议纪要的法律性质提供了长足的基础，使得我们仍可以从众多学者的著述中梳理相关的学术观点以供参考。

总的来说，虽然目前专文探讨司法机关会议纪要的研究成果不多，但间接涉及司法机关会议纪要法律性质的学术讨论不在少数。依照对司法机关会议纪要的法律性质所持观点的不同，大体上可以分为类司法解释说、刑事政策说和审判规则说。

持类司法解释说观点的学者一般是将司法机关会议纪要等司法指导性文件视为一种在司法影响上类似于司法解释的规范性文件来看待。但持此观点的学者内部存在较大的分歧，只有一小部分学者认为司法机关会议纪要应当与司法解释取得同等或略弱的法源效力地位，大部分学者，如赵秉志、汪全胜等，在讨论司法解释的正当性问题时，均认为司法机关在法定的司法解释程序之外制定的规范性文件只能视作司法系统"越权解释"的产物，不但不应被认同为正当的司法解释，且应当进行约束乃至禁止。[1]这类观点主要是基于对司法机关，尤其是地方司法机关的解释权进行合法约束的立场提出的，支持者甚众。但是这类观点也存在一定的理论缺陷：

---

[1] 赵秉志、陈志军：《论越权刑法解释》，载《法学家》2004年第2期；汪全胜：《司法解释正当性的困境及出路》，载《国家检察官学院学报》2009年第3期。

由于"法官不能拒绝裁判",在个案审判中法官不可避免地要作出学理解释,在地方司法机关无权制定规范性文件进行统一解释的情况下,如何实现"同案同判"没有得到很好的解答。

持刑事政策说观点的学者认为司法机关制定的司法解释以外的规范性文件,通常体现了刑事政策,是刑事政策的一种载体,其效力地位应与刑事政策的效力地位相一致。正如埃尔曼所指出的,"(司法机关)通过适时地提供判决,并且因此通过参加该制度政策产品的创制,司法机构维持了自身的存在和它在社会中的持久作用"。❶ 在此基础上,王立君进一步认为,刑事政策进入司法,一般就是作为非制定法源通过建构刑法裁判规范完成的。❷张心向也认为:"在法治社会中,刑事政策通过其刑法化对司法场域的刑事案件的裁决过程产生影响的路径只有两条:要么转化为法律,要么在法律内运作。"❸ 按照张心向的观点,司法机关会议纪要正属于一种刑事政策未转化为法律,而在"法律内运作"的样态。这类观点实质上将司法机关会议纪要在实务中广泛适用的一个主要原因归结为刑事政策"刑法化"的现实需求,基本契合了我国当下的现实刑事司法体制。但这类观点不能很好地解释一部分地方司法机关制定的司法机关会议纪要为何出现完全相反的规定,而且由于"李斯特鸿沟"的存在,刑事政策本身的法源效力位阶就很难明确,自然也无法确定司法机关会议纪要的应然法源效力位阶。

持审判规则说的学者主要是将司法机关会议纪要等司法指导性文件作为一种成文化的审判规则或审判习惯来看待,将其视为一种司法系统内部的运行规范。比如,江国华将司法规则分为裁判性规则与运作性规则,并认为"裁判性规则意指司法机关据以审理与判决案件的规则,在我国一般仅限于法律与法规,行政规章仅具参考意义","运作性规则意指司法机关

---

❶ [美] 埃尔曼:《比较法律文化》,贺卫方、高鸿钧译,生活·读书·新知三联书店1990年版,第252页、第162－163页。
❷ 王立君:《刑事政策在刑事裁判中的法源性探析》,载《南京社会科学》2011年第5期。
❸ 张心向:《在规范与事实之间——社会学视域下的刑法运作实践研究》,法律出版社2008年版,第285页。

据以运作的各种具体规则，亦称工作性规则"。❶ 按照这一划分标准，司法机关会议纪要在一定程度上可以认定为"运作性规则"。最高人民法院牛克乾法官则为最高司法机关制定的司法机关会议纪要提供了理论依据，他认为："司法体制的单一性和司法权的统一性要求全国司法的标准必须统一，而要保持这种统一，就需要最高司法机关制定统一的司法规则。"❷ 刘作翔反对将《宪法》和《立法法》规定以外的规范作为法律渊源，但认为这并不意味着《宪法》和《立法法》规定以外的规范一律不能成为影响司法审判的"裁判规范"，因为"司法中，法律渊源是裁判规范的主干，但不是裁判规范的全部集合，因为还有其他的规范渊源"。❸ 总的来看，这类观点放弃了对司法机关会议纪要具体法源地位的纠缠，转而从司法权力实际运行的角度出发，观照司法机关会议纪要对司法审判的实际功能和影响，自成一家之言。但也正因如此，这类观点也并没有回答，在罪刑法定原则的约束下，司法机关会议纪要作为"审判规则"的正当性来源，以及所谓"审判规则"在我国现行司法体制中的法律地位究竟为何。

具备规范性或司法解释性质的司法机关会议纪要，广泛出台、存在甚至作为裁判依据被援引于裁判文书之中，这种现状背后存在深刻而复杂的成因。在此背景下，合理界定司法机关会议纪要的法源地位，一个现实的目标指向是：在对司法机关会议纪要进行清理和规范的前提下，着眼于如何合理合法地发挥会议纪要这一文件形式在指导司法机关裁判方面的优势功能，以及避免随之而来的法律漏洞和风险，而非一律禁止地方司法机关发布和应用会议纪要。这一点，即使是在严格受到罪刑法定原则限定的刑事裁判领域也是如此。"因为是刑法的渊源理论使这一危险得以清晰地呈现在我们的面前，而不是对刑法渊源理论的界定产生了这一危险；只是因为为了避免这一危险而否认非刑事制定法的法源性，甚至忽略刑法渊源理

---

❶ 江国华：《常识与理性：走向实践主义的司法哲学》，生活·读书·新知三联书店 2017 年版，第 125 页。

❷ 牛克乾：《规范性刑法解释与罪刑法定原则的契合与冲突》，载赵秉志主编：《刑法论丛》（第 24 卷），法律出版社 2010 年版，第 90 页。

❸ 刘作翔：《"法源"的误用——关于法律渊源的理性思考》，载《法律科学》2019 年第 3 期。

论的做法只能是自欺欺人。"[1]

基于上述考虑，一方面，我们应当坚决将司法机关会议纪要排除于正式法源的范畴之外，不应给予其类似于司法解释的法源地位。

首先，司法机关会议纪要作为正式法源，缺乏明确的立法授权依据。王瑞君认为，会议纪要作为一种"非正式刑法司法解释"，虽然可以作为一种影响法官定罪量刑的"资料"，但其并非司法解释，不具有强制遵守的效力。[2] 显然，从形式意义上来说，司法机关会议纪要目前并不能囊括在正式的司法解释之内，这在立法上有明确的法律依据，毋庸讨论。于是，争议的焦点主要在于：司法机关会议纪要是否能因其属于所谓"司法解释性文件"，而根据其在司法裁判中发挥的实际作用，特别是在刑事法领域，认定其和司法解释一样具备正式法源地位。为了同正式的司法解释有所区分，部分学者采用了"司法解释性文件"这一概念，以此来概括那些虽由司法机关颁布但在程序意义上并不符合司法解释出台规定的司法规范性文件。[3] 但需要指出的是，"司法解释性文件"这一概念既非正式的立法概念，亦无独立和明确的概念内涵和外延。其由最高人民法院于1987年在批复中首次使用[4]，后来陆续出台的文件中也有改称为"司法解释性质文件"的，但大体意思不变。上述批复并未对"司法解释性文件"进行概念界定，亦未明确其法律效力与法源地位。事实上，最高人民法院和最高人民检察院并不具备赋予"司法解释性文件"正式法源地位或者正式司法解释性质的权力，反映在工作文件中，亦对地方"司法解释性文件"的出台和发布进行了严格的限制。根据2012年1月18日发布的最高人民法院、最高人民检察院《关于地方人民法院、人民检察院不得制定司法解释性质文件的通知》第1条的规定："自本通知下发之日起，地方人民法院、人

---

[1] 张志钢：《刑法渊源概念的再界定》，载《研究生法学》2010年第6期。
[2] 王瑞君：《影响法官解释刑法的资料》，载陈金钊、谢晖主编：《法律方法》（第9卷），山东人民出版社2009年版，第180页。
[3] 李富金：《地方法院无权发布司法解释性文件》，载《法学》1998年第2期；谷川：《高级人民法院"司法解释性文件"的功能分析》，载《河北法学》2016年第2期。
[4] 最高人民法院《关于地方各级法院不宜制定司法解释性质文件问题的批复》，1987年3月31日颁布，2013年1月18日失效。

民检察院一律不得制定在本辖区普遍适用的、涉及具体应用法律问题的'指导意见'、'规定'等司法解释性质文件,制定的其他规范性文件不得在法律文书中援引。"而该文件第 2 条和第 3 条则进一步明确规定,地方人民法院、人民检察院对于制定的带有司法解释性质的文件,应当在 2012 年 3 月底之前自行清理完毕;对于"司法实践中迫切需要、符合法律精神又无相应的司法解释规定的",则应"由高级人民法院、省级人民检察院向最高人民法院、最高人民检察院提出制定司法解释的建议或者对法律应用问题进行请示"。基于立法授权依据上的先天不足,赵秉志等学者也认为,"司法解释性文件"应当被认定为一种越权解释,进而当然不应具备正式法源的地位。❶ 因此,即使将司法机关会议纪要视为"司法解释性文件",也无法为其正式法源地位的获得提供充分支撑。

其次,其缺乏成为正式法源的程序性必要条件。赋予司法机关会议纪要正式法源地位,在其制定出台的程序上看也存在一系列问题。第一,部分地方司法机关会议纪要的制定主体包含非司法主体,如海关总署地方分署❷、省司法厅❸等,其如果作为正式法源在刑事裁判中发挥作用,将导致行政机关干预和介入国家刑罚权的行使过程,有违罪刑法定原则;第二,部分地方司法机关会议纪要是以司法机关下属部门的名义发布,而非独立司法主体,如刑二庭❹、公诉处❺等,其制定和发布只能代表个别司法人员的意志和观点,显然只能认定为一种学理解释,而不应广泛地强制适用;第三,大量司法机关会议纪要为公、检、法三家联合出台,但这种会商机制并无明文规定,亦无制度约束,在文件的制定和发布中,各方如何协

---

❶ 赵秉志、陈志军:《莫让越权解释动摇罪刑法定根基》,载《检察日报》2003 年 12 月 25 日,第 3 版。

❷ 如广东省高级人民法院、广东省人民检察院、海关总署广东分署《加强查办走私犯罪案件工作第八次联席会议纪要》。

❸ 如江苏省高级人民法院、江苏省人民检察院、江苏省公安厅、江苏省司法厅《关于印发〈关于律师刑事辩护若干问题的会议纪要〉的通知》。

❹ 如浙江省高级人民法院刑二庭《关于印发〈全省法院经济犯罪疑难问题研讨会纪要〉的通知》。

❺ 如浙江省人民检察院公诉处《关于印发〈毒品类犯罪案件疑难问题专题研讨会会议纪要〉的通知》。

调、如何分工，由于缺乏相应的听证和意见征求程序，文件制定和出台的相关信息和依据，外界不得而知，亦难以监督和进行事后救济。由此可见，即使司法机关会议纪要具备了"司法解释特点"，也产生了规范性的"效力"，但其制定出台程序的不规范、不统一，也使其不宜作为正式法源。

另一方面，基于前文所述的一系列司法机关会议纪要在刑事领域中的发布、援引情况来看，我们也不宜刻意忽视其已经实际发挥的指导作用，而应承认其非正式法源的地位，明确其在司法裁判中可以作为无强制力的参考文件，为司法人员提供"软性"的参考辅助。

首先，司法机关会议纪要具有不同于行政机关会议纪要的规范指导作用。有学者认为，会议纪要的功能应主要在于存档备忘，且也不具备针对不特定的社会对象反复适用的法律特征。[1] 这种观点主要是从行政法的角度出发，以行政机关的会议纪要为讨论对象提出的，这在一定程度上代表了相当一部分学者的观点。但行政机关和司法机关发布的会议纪要之间在效力和功能上的差异仍是明显的，就司法机关发布的会议纪要而言，尤其是最高人民法院和最高人民检察院发布的会议纪要，非但在实践层面上具备了针对不特定社会对象反复适用的特征，而且往往在会议纪要的开篇就强调下级司法机关在司法实践中"认真贯彻执行"[2]，在执行层面上并无多少商榷的余地。从目前的现实情况来看，无论是实务界还是理论界，将这种明确要求下级司法机关"遵照执行"或是"参照执行"的文件，视为带有普遍适用效力的规范性文件，应无异议，因而其法律效力无疑与行政法意义上由行政机关发布的主要用途为"存档备查"的会议纪要，存在较大差异。

其次，在一定程度上承认司法机关会议纪要的非正式法源地位，有利于司法改革的整体推进。当前我国司法改革工作方兴未艾，新的试点政策层出不穷。在司法改革试点工作如火如荼的大背景下，不可避免地出现试

---

[1] 沙奇志：《"会议纪要"的性质及其可诉性研究》，载《行政法学研究》2005年第1期。
[2] 最高人民法院《关于印发〈全国法院维护农村稳定刑事审判工作座谈会纪要〉的通知》。

点地区司法机关在刑事案件审理过程中遇到个别较为特殊的疑难问题。在这种情境下，动辄以刑法修正案或司法解释的形式进行规范调整未免有"一刀切"的弊病，况且从立法成本上来说也颇不经济。如前述浙江省瑞安市"醉驾案"，在肇事者自愿完成 30 小时社会服务后，司法机关对其作出了不起诉决定。虽然这一决定的司法效果尚待时间检验，但是，将特定轻罪的入罪标准先以地方司法机关会议纪要的形式暂行规范，待司法具体效果略为显现之后，再行制定司法解释或指导性案例，乃至进行刑法修正案的制定，也不失为一种司法机关主动适应司法改革进程和节奏的有效工作方法。

最后，在一定条件下，司法机关会议纪要作为刑法"非正式法源"或"次法源"，并不会对罪刑法定原则构成实质性的破坏。司法机关会议纪要无论被认定为"类司法解释文件""刑事政策"抑或"审判规则"，其都不具有刑法正式法源所具有的强制性。也即是说，司法机关会议纪要即使能够在刑事审判中作为参照依据，也不应具有对其他规范的排他性和优先适用性。同理，司法机关的学理解释在规定事项不超出"一般语义"的合理范畴时，应当被视为一种集体司法经验的成文化载体。如果反对这种成文化的司法经验在刑事审判中作为不具有强制力的参照依据，那么指导性案例、量刑细则等的法律地位也将受到不必要的质疑。事实上，由于司法机关会议纪要相比于刑法正式法源的"弱效力"，法官如果要依据司法机关会议纪要的内容进行裁断，必然是在正式法源无明确规定的前提下，这一点在司法实务中亦无异议。以刑法典中常见的"空白罪状"为例，法官必须以刑法典以外的其他法源作为补充规范来进行审判，否则就无法作出犯罪嫌疑人行为是否符合个罪构成要件的判断，而这显然不能认为这些补充规范在刑法典以外规定了新的罪与刑。[1] 因此，在满足一定条件的前提下，将司法机关会议纪要作为刑法"非正式法源"或"次法源"，并不会对罪刑法定原则构成实质性的破坏。

---

[1] 陈禹衡：《论刑事审判过程中的法官找法——以空白罪状为例》，载《行政与法》2019 年第 7 期。

事实上，类似于"大连纪要"和"武汉纪要"这类在毒品犯罪裁判中被大量援引和参照的司法机关会议纪要，其法源地位是由其在司法实践中实际适用的优先性所决定的，并不因其形式是否属于司法解释而改变；而对司法裁判并没有突出的影响，乃至出台后由于不具有参照、援引的有限性而长期"休眠"的司法机关会议纪要，其自然不能取得和两个毒品犯罪相关会议纪要并驾齐驱的法源地位。因此，对于司法机关会议纪要的性质和其法源地位的界定，在一定程度上不妨适当减弱对"有权"还是"无权"的关注，正视其对司法机关，尤其是对基层司法机关所提供的一种"软效力"的意见参考和方向引导作用。

五、司法机关会议纪要作为刑法法源的适用原则与规范措施

如前所述，司法机关会议纪要并非一律不能作为刑法法源应用于司法裁判。但我们也应当看到，承认司法机关会议纪要可以取得非正式法源的地位，并不意味着目前其在刑事司法裁判中的应用现状是合理的。其作为法源，必须进行法治化的改造，方能适应罪刑法定原则的根本要求，正确服务于司法裁判的现实需求：一方面，需要对其在司法裁判中的适用进行原则性的限制和约束；另一方面，需要对其按照罪刑法定原则的要求进行规范。

（一）司法机关会议纪要作为刑法法源的适用原则

1. 地方上下级司法机关出台的会议纪要之间不应建立法源位阶关系

"如果法律被视为强制力的附庸，会导致法律权威与有力者的'权势'没有本质区别。"❶ 如果我们认同司法机关会议纪要并非正式法源或制定法源的话，那么地方上下级司法机关所出台的刑事会议纪要之间，就不应当存在以管辖级别为区分的法源位阶关系。也即是说，省一级司法机关出台

---

❶ 马克昌主编：《近代西方刑法学说史》，中国人民公安大学出版社2017年版，第7页。

的司法机关会议纪要,并不天然具备高于市一级或县一级司法机关出台刑事会议纪要的法源地位,进而要求低级别司法机关所出台刑事会议纪要的规定不得与高级别司法机关出台的刑事会议纪要相冲突。

一方面,正式法源之间存在上位法和下位法的法源位阶关系,这是由《宪法》和《立法法》基于一国国家机关的权力配置需求所明确规定的,而非正式法源并不存在这样的强制性规定。因此,对于非正式法源,并不适用以行政级别作为法源位阶高低区分的标准。不同的司法机关会议纪要之间如果出现规定冲突,适用何种规定,应当由主审法官通过合议庭会议进行适用法源的取舍,确有疑难无法决定的,应报请案件管辖法院审委会根据个案实际情况进行讨论并最终确定,而不应简单地以司法机关的管辖级别来确定司法机关会议纪要的法源效力位阶。

另一方面,即使我们承认司法机关会议纪要对于法官的自由裁量权形成了事实上的引导和辅助,但也应当明确,这种引导和辅助也存在一定的边界。个案的主审法官始终是审判机关工作人员中最了解一线案情的一部分人。司法机关会议纪要的引导和辅助作用,不能对个案审判中法官的自由裁量权形成压倒性的制约。如果司法机关会议纪要的法源效力位阶以司法机关的管辖级别作为划分标准,将进一步削弱基层司法机关在个案审判与经验总结上的主观能动性,量刑僵化和教条主义的风险就会在法官队伍中弥漫开来。既不利于法官对于个案案情作出敏锐的观察研判,也不利于个别疑难案件实体公正的实现。

2. 地方司法机关出台的会议纪要一般不应作为出入罪依据

考虑到罪刑法定原则的约束要求,地方司法机关出台的刑事会议纪要一般不应作为个案审判的出入罪依据,只应作为量刑和刑罚执行方式的参考依据。一方面,考虑到罪刑法定原则的要求,地方司法机关无论出于何种目的,都无权制定将何种行为入罪或出罪的规定,并将其一般化。遇有疑难案件,如果确实无法依据现有法律和司法解释确定犯罪嫌疑人行为是否符合某特定罪名的犯罪构成要件,也应报请最高人民法院作出司法解释,乃至报请全国人大常委会作出立法解释。地方司法机关出台的刑事会议纪要对出入罪事由进行规定的,无论其是否合理,应属越权解释,而不能作为审判依据。另一方面,结合我国刑法、司法解释和指导性案例,一般对于个案审判的定罪事宜能够得出确定的审判结论,地方司法机关不具备也不需要被赋予出台刑事会议纪要来指导辖区内法官进行定罪的权力。我国不同于大部分西方国家,刑法中的犯罪概念既包括定性因素,又包括定量因素。一些地方司法机关出台的刑事会议纪要,虽然没有逾越刑法典对定性因素作出规定,但存在大量自行规定的定量因素,尤其是盗窃、侵占、赌博等轻微财产性犯罪和聚众斗殴、寻衅滋事等轻微人身伤害性犯罪,各地区对于出入罪的定量标准都有不同的规定。这成为区域性量刑失衡的重要诱因。

3. 司法机关会议纪要不得与指导性案例的审判导向相冲突

虽然由于我国并不承认判例法,最高人民法院发布的指导性案例目前在我国并未取得正式法源的地位,但不可否认的是,经过最高人民法院慎重选择和确定的指导性案例所确立的审判导向依然在全国范围内有着重要的宣示作用。指导性案例在一定程度上代表了最高司法机关的审判价值取向,对于解决一些刑法典和司法解释均未明文规定的审判疑难问题具有较高的参照价值和公信力。"人们之所以服从法官裁判,恰是因为法官服从法律的缘故;如果法官不服从法律,那么人们凭什么要服从法官呢?"[1] 地方司法机关出台的刑事会议纪要,如果在审判导向上出现与指导性案例相违背、相冲突的现象,无疑是对司法公信力的一种伤害。由于指导性案例的审判导向并非一种成文的、规范性的表达,需要一线审判人员进行细致的研究和把握,在一些一线审判人员看来,远不如地方司法机关出台的刑事会议纪要简单、明了,故一些地方司法机关出台的刑事会议纪要在个案审判中被参照的频率大大高于指导性案例。考虑到个案司法价值的取向需要稳定和一致,一线审判人员仍然需要吃透弄懂指导性案例所确立的审判

---

[1] 江国华:《常识与理性:走向实践主义的司法哲学》,生活·读书·新知三联书店2017年版,第87页。

导向，而非过度依赖明确的、成文的、规范化的地方司法机关刑事会议纪要进行审判。

4. 参照司法机关会议纪要得出的裁判结论应在文书中明示

前文已经举例说明过，个别地区的司法机关会议纪要中明确规定，辖区内司法人员须"参照执行"但"不得援引"。这种做法既不符合罪刑法定原则关于定罪量刑依据"明确性"的要求，也不利于犯罪嫌疑人正确认识自己的罪行和接受相应的审判结论，有碍于实现法律定分止争的社会教化作用。裁判文书是司法机关对犯罪嫌疑人相关罪行的审判结论的说明载体，也是审判逻辑的说理体现，其依据是否充足、论证是否合理，直接影响犯罪嫌疑人和社会公众对法律结果的可接受性。如果一项个案裁判结论是参照司法机关会议纪要得出的，则应当在裁判文书中进行裁判依据与理由的明示，以增强裁判文书释法说理的可接受性和司法审判过程的透明公开程度。

（二）司法机关会议纪要作为刑法法源的规范措施

1. 对司法机关会议纪要进行清理汇编

最高人民法院、最高人民检察院《关于地方人民法院、人民检察院不得制定司法解释性质文件的通知》已正式生效多年，然而，非但地方司法机关对所制定发布的司法解释性质文件的清理工作未见得有多少成效，反而可以看到，有不少带有明显司法解释性质的地方司法机关会议纪要，均是在2012年以后制定发布的。比如前文所提到的浙江省《关于办理"醉驾"案件的会议纪要》，制定发布时间就在2017年1月17日。即使认为该种会议纪要不在司法解释性质文件之列，按照通知第1条规定，地方司法机关制定的其他规范性文件亦不得在法律文书中援引，然而根据前文所述裁判文书检索结果来看，不少地方会议纪要在法律文书中仍被援引作为裁判理由。面对此种情况，将所有可认定为司法解释性质文件的地方司法机关会议纪要全部即行废止似乎不太现实，但如果放任自流，也不是长久之计。笔者认为，一方面应该肯定司法机关会议纪要作为司法解释的有益补充对于司法实践的非正式法源作用，尤其是允许地方司法机关以制定和发布会议纪要的形式，对辖区内司法工作进行一定程度上的非强制性规范指导；另一方面，应当加快对地方司法机关会议纪要的合法性审查，对于其中内容已不适应当今社会实际的条文以及和现行法律和司法解释相抵触的条文应当尽快废止或修订，并形成规范的会议纪要制定和发布程序，加强备案审查工作。

2. 立法确立司法机关会议纪要信息公开制度

我国司法公开改革自 2009 年正式启动，至今已经历了十几年时间的砥砺前行。在这一过程中，司法公开改革取得了丰硕的改革成果，司法信息公开渠道建设效果显著。但目前对于司法机关会议纪要的公开，仍未明确纳入司法公开制度当中。解决问题的关键之一在于建立统一的、各级司法机关积极参与建设的查询平台。目前就司法机关会议纪要而言，建立完善查询渠道的难点主要有三：一是我国司法机关既有合作亦有分工，在司法公开的平台建设上协作较差，难以统筹；二是司法机关会议纪要在现实中与行政机关会签发布的情况较为常见，其信息的公开又取决于司法机关与行政部门的合作沟通；三是部分司法机关会议纪要含有涉密性质，需要以较高位阶的规范性法律文件完善配套的涉密管理制度。

基于以上三个难点，这一查询平台可以参照目前"中国政府法制信息网"进行司法机关会议纪要查询平台的独立建设，亦可通过在省一级司法机关官方网站建立专门的公示和查询窗口进行合理改进的方式分别进行建设。有"裁判文书网"等公开和查询平台的建设经验和技术支撑在前，相信对于建立司法机关会议纪要的公开平台，在技术层面上并不存在多少障碍。但无论建设方式如何，关键问题仍在于各级司法机关和所涉单位的配合力度是否到位，能否及时、高效、全面地将各级司法机关制定发布的司法机关会议纪要上传到查询平台并及时更新维护。

3. 对司法机关会议纪要的制定发布进行主体和程序限定

由行政机关牵头而由司法机关会签发布的司法机关会议纪要，其文件的起草拟定大多不由会签的司法机关负责，这导致其内容表述在很大程度上自觉或不自觉地是从行政机关的视角出发，从而导致司法机关会议纪要中的内容表述带有较浓厚的行政色彩，亦容易加入行政机关业务中常见但不易为社会公众理解的业务术语和专业名词，这在税务、海关、质检、证监等专业性较强的行政机关牵头制定的司法机关会议纪要中尤为常见。抛开其中牵涉的如独立审判等法律问题不谈，从规范表达的视角考察，既然制定发布的司法机关会议纪要要在司法领域内发挥实质作用，那么作为司法机关就应当在会签文件的制定中发挥主导作用，尤其是在内容表述上，从司法人员的专业角度把好内容表述关，是司法机关应尽的义务。

除此之外，由行政机关牵头、司法机关会签发布的司法机关会议纪要其实在司法权力的运行过程中并没有存在的必要。这种文件完全可以通过司法机关和行政机关分别制定相关规范性文件的方式来替代，行政牵头、司法会签的发布方式对于行政机关本身起到的实质作用更多的是一种议事协调的"照会"作用。也许这在形式上传达了一种行政机关与司法机关的协作，但毕竟司法机关和行政机关应当各自保持相对的独立，会签这种行政部门之间通行的做法背后还是一种将司法机关和行政机关混为一谈的思维在主导。

有学者指出："不同的司法机关在对同一事实和法律进行观察时，会因目的、出发点、利益趋动等因素不同而作出不同的解释。"[1] 根据我国法律解释学的通说，这种解释的差异，在其仅在个案裁判中体现时，属于司法人员个人对法律的学理解释，尚在自由裁量权所允许的范畴之内。但是一旦这种差异化的解释以规范性文件的形式固定下来，成为一线司法裁判人员必须遵照执行的裁判依据，就会导致学理解释在实际效力上的"硬化"。当这种效力"硬化"的学理解释以司法机关会议纪要的形式关涉定

---

[1] 柳砚涛：《关于司法解释界限的理性思考》，载《中共长春市委党校学报》2006年第2期。

罪量刑时，即使可以认为其属于有权解释，也不得不考虑其制定主体的限定问题。

有学者撰文提出："一是经济发展水平的不平衡，定罪量刑的数额标准要和经济发展水平的高低成正比关系；二是社会治安形势的差异，定罪量刑的数额标准要和社会治安形势的好坏成反比关系。"[1] 从国家层面来看，这一论述并无问题，这两点均是最高司法机关出台司法机关会议纪要和司法解释时需要重点考虑的问题。但需要指出的是，经济发展水平和社会治安形势对定罪量刑的影响，必须是从一个相对较大的范围内进行通盘考虑，而绝不能放任地方司法机关在各自辖区出台和执行各行其是的规定。这一方面既是罪刑法定原则和罪责刑相适应原则等刑法基本原则的题中应有之义，另一方面也是由不同层级的司法机关对法律的解释和使用水平参差不齐的现状所决定的。笔者在检索过程中，发现有一部分关乎定罪量刑标准的地方司法机关会议纪要的制定主体属于地市级司法机关，甚至区县级司法机关。显然，在一市一县之内，定罪量刑标准出现差异化的规范规定，既没有必要，也没有依据。因此，有必要对司法机关会议纪要的制定主体和权限加以规范，严格禁止省级以下地方司法机关（不含省级）对定罪标准和量刑情节作出类型化的硬性规定，从而避免以集体决策名义不当干预法官自由裁量权，以利罪刑法定原则和罪责刑相适应原则的实现。

考虑到行政权与司法权之间的界限，为了保证审判独立，减少行政部门利益对司法结果的影响，行政机关最多以提供部门业务参考信息的方式为司法机关提供相应的辅助，而不宜直接介入和干预司法机关会议纪要的制定，尤其是涉及定罪量刑的规定，应当禁止行政部门的介入，以防司法裁判的尺度随地方政府部门的利益关切而变动。正如有学者所指出的："最高人民法院虽然是'审判领域'的'最高'，但在政府眼中它还仅仅只是'作为政府部门的法院'。"[2] 这一观念的转变，在当前司法体制改革

---

[1] 陈志军：《刑法司法解释省际冲突研究》，载《人民检察》2005年第11期。
[2] 彭中礼：《最高人民法院司法解释性质文件的法律地位探究》，载《法律科学》2018年第3期。

的大背景下，不仅是政府部门的问题，也是司法机关需要注意的问题。行政机关已经参与制定的司法机关会议纪要，应当尽快进行清理，将其中属于行政权力范畴的事项改由行政法规或部门规章等形式的法律文件进行规定。

4. 逐步剥离司法机关会议纪要的规范解释功能

事实上，会议纪要并不是合适的规范性文件公文体裁，规范性规定当然也并非一定要以这类文体作为载体表述出来。而且，从法律的表达效果考虑，借助会议纪要这种带有机关"文牍主义"烙印的文体进行规范性规定的表述，本身也并不利于公众对于其规定内容的自愿理解和接受，反而由于其制定和公开程序上的一系列弊病，容易遭受"秘密司法""唯领导意志论"等负面质疑。尤其是司法机关会议纪要，其规范性规定直接关乎定罪量刑，实际效力近乎司法解释。罪刑法定原则之下，司法机关制定此类规范性文件本来已属不妥，如果再在公文形式上频繁以会议纪要作为规范解释的载体，其解释结论对公众的说服力之差可想而知。

此外，正如前文所描述，会议纪要原本的公文功能并不是表述规范性规定。受制于会议纪要这一文体本身必然依托于会议活动的公文属性，在同一份会议纪要内，必不可少地要对会议活动的相关背景进行程度不一的介绍，如时间、地点、参会人员身份，乃至于会议召开的目的，以及会议召开当时特定时间节点的大政方针介绍等政治色彩极浓的内容。如此一来，会议纪要的表述内容几乎必然存在交叉混杂、文风不一的问题。

因此，应逐步把规范性规定从会议纪要这种不适合作为规范性文件的公文文体中剥离出来，使其不再承担承载规范性规定的公文功能，转而使其承载专一记载会议内容、传达政治方针等原有的公文功能，而以"通知""决定""意见"等常用的规范性文件公文体裁作为规范解释的载体。如此，在内容的表达上，政治化的内容和非政治化的内容得以通过各自专用的公文体裁各自表述，同一会议纪要便不必为了集中表述多种内容、履行多种功能而在表达内容上左支右绌；在规范解释的效果上，也可因公文文体的用途得以固定、应用场域相对专一而减少公众在程序意义上对于规范解释的质疑。

司法机关会议纪要的产生和应用,是由我国司法体制所决定的,故其法源地位的确立与变动也应当以我国司法体制改革的实际需求为依据。目前我国刑事法律变动较为频繁,加之刑事领域司法改革已进入深水区,有条件地承认司法机关会议纪要作为刑法法源的地位,有助于推动司法权力的规范化运行、完善我国刑事法源体系。而就司法机关会议纪要作为刑法法源所产生的司法风险,则主要依靠各级司法机关在创制和应用会议纪要时对罪刑法定原则的坚定维护。这意味着,在未来司法体制改革的过程中,需要通过一系列完备的制度设计,对各级司法机关出台指导性文件进行法定约束和权责配置,以实现"既有司法张力,又有责任意识"的改革效果。

第六章　会议纪要对民事
司法裁判的作用方式

我国民事领域的会议纪要数量较多，为有针对性地对其进行研究，本章选取《全国法院破产审判工作会议纪要》（本章以下简称《会议纪要》）为分析对象。一是因为《会议纪要》条文较多，既有实体方面的内容也有程序方面的规定；二是此《会议纪要》发布日期较新，可以体现最高人民法院司法政策的方向。《会议纪要》共计50条，涉及管理人制度、重整制度、清算制度、执行程序与破产程序的衔接、关联企业破产和破产审判信息化建设等核心内容。它是自2007年《企业破产法》实施以来破产审判实践经验的全面总结，既有对现有规则的重申，亦有对现有规则的进一步解释和延展，其出台不仅是总结过往，更重要的是推广有益经验并明确了破产审判的新思想，强调了破产审判的重要意义，确定了破产审判工作的总体要求，为解决破产审判重大性、普遍性和疑难性问题指明了方向，提供了路径。《会议纪要》凸显了《企业破产法》及破产审判的重要性，也充分说明了破产审判内容庞杂，涉及方方面面，实践中遇到的问题较多，既有普遍性的共同问题，亦有个案的特殊问题。

在中国裁判文书网以"全国法院破产审判工作会议纪要"为关键词进行全文检索，共检索到211份裁判文书，通过对裁判文书进行初步整理获得有效裁判文书193份，其中判决书85份，裁定书108份。❶ 相较于法律

---

❶ 感谢汪道伍同学协助完成本章裁判文书检索工作，最后检索日期：2020年1月17日。具体整理情况包括：合并内容基本相同的裁判文书，如由同一法院作出的裁判文书，原告不同，被告相同，文号不同，裁判内容相同，则统计为1份；对重复上传的文书仅统计为1份。

法规、司法解释而言，会议纪要具有时效性强的特点，会议纪要即日发布，即日实施。该《会议纪要》是 2018 年 3 月 4 日发布，于同日开始实施，第一个可检索到的援用该《会议纪要》的案件出现在 2018 年 3 月 13 日，而 2018 年即可检索到 70 余份裁判文书对其进行援引，可见司法裁判对该《会议纪要》所涉内容需求强烈，而且其应用性也不弱。在分析裁判文书的基础上，我们将继续分析《会议纪要》在裁判文书中首先由哪方主体提出，其他主体对其回应情况；《会议纪要》是以什么形式发挥作用，《会议纪要》在裁判文书中出现在诉讼请求部分，还是在事实认定部分，或是在法律适用部分；法院援用《会议纪要》时，裁判结果与《会议纪要》的关联情况，等等。以期对《会议纪要》在司法裁判中的作用方式窥得一斑。

一、裁判文书援用《会议纪要》的具体条文

《会议纪要》有 50 条规定，在司法实践中被援用的条文有一半左右，判决文书和裁定文书对条文援用侧重点不同，在判决文书中主要集中在第 27 条、第 28 条和第 31 条，在裁定文书中主要集中在第 32 条、第 33 条、第 35 条和第 42 条。具体情况见表 6-1。

表 6-1 裁判文书援用《会议纪要》条文的情况❶

援用《会议纪要》条文	判决文书数量	裁定文书数量
第 2 条	0	2
第 9 条	4	1
第 14 条	0	6
第 16 条	0	1
第 17 条	1	0
第 18 条	0	3
第 19 条	0	1
第 22 条	0	1
第 23 条	0	2

---

❶ 表中的"其他"是指裁判文书中出现《会议纪要》的相关规定或者精神，没有援用具体条文内容。一份裁判文书出现两个条文以上的，分别统计。

第六章　会议纪要对民事司法裁判的作用方式

续表

援用《会议纪要》条文	判决文书数量	裁定文书数量
第25条	3	3
第27条	20	1
第28条	36	1
第29条	0	3
第30条	0	7
第31条	18	1
第32条	0	24
第33条	0	13
第34条	0	5
第35条	0	13
第36条	4	7
第37条	0	2
第38条	0	2
第39条	3	0
第40条	1	0
第42条	2	11
其他	5	29

从裁判文书看，援用比较集中的第27条、第28条和第31条，主要涉及企业破产债权的清偿原则和顺序以及职工权益保护相关规定，这些规定是对《企业破产法》的补充完善。近些年，社会经济发展迅速，竞争激烈，企业破产兼并等现象大量出现，导致破产债权和职工权益问题突出，这方面的社会纠纷随之增多，社会民众维权意识提高，因此诉讼过程中当事人援用这些条文更为频繁。因为裁定文书更多涉及破产转执行问题，从其集中援用的第32条、第33条、第35条和第42条来看，主要涉及关联企业破产和执行程序与破产程序的衔接规定，上述条文在《企业破产法》的基础上明确关联企业成员破产的形式，对完善实质性合并破产程序和协调破产程序与实体法律问题起到补充作用，使法官实际操作更方便，因而法官援用相对积极主动。在裁判文书中存在较多援用《会议纪要》的精神、有关规定等表述比较笼统的情形，可以在一定程度上说明在司法实践中《会议纪要》存在规范性质不够清晰、规范指导功能定位不够精准的问题。

二、《会议纪要》的援用主体

裁判文书中援用《会议纪要》的主体可以分为两大类：当事人和法官。为重点关注对《会议纪要》援用的主动性，在统计援用主体时以首先援用为标准，如原告先援用《会议纪要》，则即便被告或法院进行了回应，也仅统计为原告援用的情况。

（一）当事人援用《会议纪要》

当事人援用《会议纪要》的情形既有原告或上诉人主动援用以支撑其诉讼请求，也有被告或被上诉人援用《会议纪要》作为其答辩理由。例如，胡某枝诉浙江长兴金陵医院职工破产债权确认纠纷一案中，上诉人胡某枝援用《会议纪要》第27条规定，主张原审法院认定上诉人的垫付不属于被上诉人金陵医院作为破产企业所欠的职工工资等，是对破产法的立法目的和最高人民法院关于审理破产案件若干意见的错误理解。这一意见获得了二审法院的支持。❶ 与其他案由的民事案件相比，破产类案件相对比较复杂，专业性强，律师参与率高。同时，《会议纪要》也是一份颇具专业性的文件，有无律师参与，可能会影响到对此《会议纪要》的援用情况。表6-2的统计数据可以验证这一假设。

表6-2 律师参与援用《会议纪要》的情况❷

类别	原告、上诉人（无律师参与）援用	原告、上诉人（律师参与）援用	被告、被上诉人（无律师参与）援用	被告、被上诉人（律师参与）援用
判决书	1	22	8	23
裁定书	18	16	3	2
合计	19	28	11	25

---

❶ 胡某枝诉浙江长兴金陵医院职工破产债权确认纠纷案，浙江省湖州市中级人民法院（2018）浙05民终434号民事判决书。

❷ 本表分别统计无律师代理的原告和无律师代理的被告援用《会议纪要》的次数，律师援用次数是以其所代理原告和被告的援用次数统计，但每份裁判文书不重复统计。

由表 6-2 可知，在判决文书中，无论是原告还是被告在无代理律师参与的情形下援用《会议纪要》数量都很少，而在代理律师参与的情形下，对《会议纪要》的援用数量远远高于无代理律师参与的援用数量，说明律师的参与极大提高了《会议纪要》的援用可能。企业破产类案件对专业知识要求较高，专业律师优势突出。可以说，熟知和理解《会议纪要》的内容是影响其能够被援用的前提。在 108 份裁定书中，原告援用《会议纪要》数量比判决文书中援用数量高，无律师参与下当事人援用数量与律师参与下援用数量相差不大，原因在于很多裁定文书涉及破产转执行，当事人已经经历过判决，对《会议纪要》内容也已熟知和理解，更加说明对《会议纪要》知悉程度与当事人援用的可能性密切相关。

在有律师代理的案件中，律师通常可以为当事人提供更为专业的代理意见。宁波银昌贸易有限公司诉华鑫化纤科技集团有限公司普通破产债权确认纠纷一案中，双方都有代理律师，针对《会议纪要》第 39 条的内容提出了各自不同的理解。原告方认为自己对被告的债权没有不当利用关联关系，在此情况下被告将原告的债权认定为劣后债权，严重损害了原告债权人的利益。而被告方则认为，原告申报的债权，系与被告不当利用关联关系形成的债权，符合《会议纪要》第 39 条的规定，应该列为劣后债权。法院对双方提出的主张进行了回应，指出本案中，原、被告即使是关联企业，但原告是以自己的名义采购货物再销售给被告，也是以自己的名义向银行贷款再出借给被告使用，对外是以自己的名义发生法律关系，被告并未提供证据证明原、被告之间财产存在混同或原告的债权是不当利用关联关系形成的，若将原告的债权认定为劣后债权，亦会损害原告债权人的利益，故被告管理人将原告的债权认定为劣后债权缺乏相应依据。[1]

在当事人援用《会议纪要》的相关陈述中，既有"依据最高人民法院 (2018) 53 号《全国法院破产审判工作会议纪要》的通知"这类笼统表

---

[1] 宁波银昌贸易有限公司诉华鑫化纤科技集团有限公司普通破产债权确认纠纷案，浙江省余姚市人民法院民事判决书（2019）浙 0281 民初 2573 号。

述；也有直接陈述具体条文内容的表述。当事人既援引该《会议纪要》的具体条文，也引用该《会议纪要》的原则性规定，还有的当事人提出该《会议纪要》的精神、发布宗旨与意义等佐证己方观点。对当事人来说，会议纪要类文件具有更强的实用性、可理解的现实意义与价值，他们期待这一文件会对司法裁判结果产生直接的影响。

（二）法院援用《会议纪要》

从司法实践来看，法院援用该《会议纪要》，既有对当事人援用的回应，也有主动援用进行说理的情况。在前述83份当事人援用《会议纪要》的裁判文书中，法院仅在其中22份中回应了当事人的主张。在江苏牡丹离心机制造有限公司诉高某钧保证合同纠纷一案中，被告认为，宏茂公司经过破产程序进行清算，依照《会议纪要》第31条，破产程序终结后，债权人就在破产程序中未受清偿部分要求保证人承担保证责任的，应在破产程序终结后6个月内提出。原告起诉时间已经超过了6个月。法院认为，被告关于原告起诉超过诉讼时效的意见，因《承诺书》中明确载明在受偿金额确定并给付起4年内偿付，原告提起本案诉讼并未超出约定期限。[①] 在这一案件中，法院并未对涉及《会议纪要》的内容直接进行回应，而是陈述了与《会议纪要》无关的其他理由（肯定了《承诺书》的效力）继而未采信被告意见。

除了对当事人援用《会议纪要》的诉请进行回应，法院援用《会议纪要》还有两种情况：第一种，在双方当事人未提及《会议纪要》的情况下，法院主动援用《会议纪要》作为裁判理由或依据。例如，厦门国际银行股份有限公司北京分行诉北京国光高科电子有限公司破产债权确认纠纷案中，法院在本院认为部分，援引《会议纪要》第28条的具体内容，以

[①] 江苏牡丹离心机制造有限公司诉高培钧保证合同纠纷案，江苏省张家港市人民法院（2018）苏0582民初4989号民事判决书。

回答对于双方争议的延迟加倍利息应按什么顺序进行清偿问题。❶ 第二种，在一审法院援用《会议纪要》的情况下，二审法院对其进行明示或默示认可（可称之为间接援用）。在袁某京与王某、袁某清保证合同纠纷中，一审法院援用《会议纪要》，认为破产程序终结前，已向债权人承担了保证责任的保证人，可以要求债务人向其转付已申报债权的债权人在破产程序中应得清偿部分，一审法院支持了原告的诉请。二审法院没有明确提及《会议纪要》，但其裁判理由和结果皆支持了一审判决。❷ 在全部193份裁判文书中，法院援用的有110份，高于前述当事人主动援用的83份，说明法院在《会议纪要》援用上更具有主动性。

三、《会议纪要》在司法裁判中发挥的作用

我国裁判文书的主体部分，除了当事人基本信息和裁判结果之外，主要包括双方当事人诉请、事实认定部分以及法律适用部分，从裁判文书援引《会议纪要》的情况来看，其主要存在于诉讼请求部分和法律适用部分。

（一）支撑诉讼请求

当事人主动援用《会议纪要》时，其皆是在诉讼请求部分进行援引，具体包括当事人的诉讼请求、申诉、答辩，上诉意见等，目的在于支撑其诉讼请求或者辩解。例如，绍兴方诚精密机械有限公司与王某飚破产债权确认纠纷中，方诚公司上诉请求：虽然案涉合同约定的抵押担保范围包括

---

❶ 法院认为，迟延加倍利息，虽兼具惩罚性和补偿性，但其主要作用并非用于弥补债权人的损失，而是通过增加债务人迟延履行的负担，从而督促其依法及时履行生效判决所确定的义务，避免债务人因迟延履行行为而获得不当利益。因此，该利息系以惩戒和遏制为主，在性质上属于对迟延履行行为所采取的制裁行为，并警戒他人不再发生类似行为。据此，迟延加倍利息作为以惩罚性为主的债权，在清偿顺序上应当劣后于补偿性债权，不应按照有财产担保债权予以优先清偿。参见厦门国际银行股份有限公司北京分行诉北京国光高科电子有限公司破产债权确认纠纷案，北京市第一中级人民法院（2017）京01民初237号民事判决书。

❷ 袁某京与王某、袁某清保证合同纠纷案，江苏省泰州市中级人民法院（2018）苏12民终2410号民事判决书。

了迟延履行期间的债务利息,但该约定仅说明迟延债务利息属于抵押担保范围,并不能改变迟延履行利息中加倍部分利息的性质,属于《会议纪要》第 28 条规定的民事惩罚性债权。❶ 在当事人援引过该《会议纪要》的裁判文书条文中,出现次数最多的是第 28 条的规定,其次是第 32 条、第 27 条、第 31 条的规定。第 28 条规定的是破产债权的清偿原则和顺序,第 27 条规定的是企业破产与职工权益保护,第 31 条规定的是保证人的清偿责任和求偿权的限制。这些都是破产类案件容易产生争议的关键环节。从当事人和律师援用《会议纪要》所要达到的目的来看,《会议纪要》更多地意味着权利依据,当事人和律师据此或提出自己的权利主张,或否定对方的权利主张,或提出程序上的要求。对双方当事人而言,他们对《会议纪要》所发挥作用的期待与法律、司法解释并无明显的区分,或至少表面上他们并没有明确这种区分。

(二) 作为裁判理由

无论是法院主动援用《会议纪要》,还是对当事人援用《会议纪要》提出主张的回应,《会议纪要》都主要发挥作为裁判理由的作用。例如,在中国华融资产管理股份有限公司广东省分公司诉广州市从化区鳌头镇人民政府等执行分配方案异议之诉案中,法院为论证"兆拓实业公司员工的工人工资债权优先于华融资产管理公司的抵押权"时指出,生存权优先于发展权。兆拓实业公司员工的工人工资是基于劳动合同关系产生的,是劳动者劳动力的对价,具有人的基本生存权属性,对于保障劳动者维系自身和家庭成员最起码的生存具有重要意义。《会议纪要》第 27 条规定"推动完善职工欠薪保障机制,依法保护职工生存权",明确了工资具有生存权的属性。担保物权所保障的则是民事主体的普通利益,具有发展权的属性。两者相较而言,具有生存权属性的工人工资债权显然优先于具有发展

---

❶ 绍兴方诚精密机械有限公司与王某飚破产债权确认纠纷案,浙江省绍兴市中级人民法院 (2019) 浙 06 民终 2823 号民事判决书。

权属性的担保物权。❶ 从法院援用《会议纪要》的具体表述来看，大多法官援引《会议纪要》是作为裁判说理的理由。在这类表述中，法官多使用"参照"一词以明确援引目的，如"参照《全国法院破产审判工作会议纪要》（法〔2018〕53号）关于人民法院在审查重整申请时，根据……的会议精神，对亚太能源公司的破产重整申请应不予准许"❷，"管理人申请华日开发公司、伟豪电子公司、迈能零部件公司破产重整案实质合并处理符合《全国法院破产审判工作会议纪要》第三十二条、第三十三条之规定"❸。

根据最高人民法院《关于裁判文书引用法律、法规等规范性法律文件的规定法释》的规定，除法律及法律解释、行政法规、地方性法规、自治条例或者单行条例、司法解释等之外的其他规范性文件，根据审理案件的需要，经审查认定为合法有效的，可以作为裁判说理的依据。据此，像本章所分析的《会议纪要》等文件，是不能直接引用作为裁判依据的，仅可以作为说理依据。在实践中，可能是基于这类考虑，一些法院的裁判即便与《会议纪要》的规定一致，也不会援用《会议纪要》。

（三）作为裁判依据

关于裁判依据，学界存在不同界定。"裁判依据"是有效裁判得以作出的规范基础，是"依法裁判"之"法"的载体。❹ 在裁判文书中，裁判依据一般以"依照……之规定，判决如下"的格式出现。与判决相比，裁定书中直接将《会议纪要》列为裁判依据的更为常见。例如，在山东华金集团有限公司重整一案中，裁定书写道："经合议庭合议，依照《中华人民共和国民法总则》第五条、第六条、第七条、第五十八条、第六十条、

---

❶ 中国华融资产管理股份有限公司广东省分公司诉广州市从化区鳌头镇人民政府等执行分配方案异议之诉案，广东省广州市中级人民法院（2018）粤01民终19003号民事判决书。
❷ 潮州市亚太能源有限公司申请破产案，广东省潮州市中级人民法院（2018）粤51破终1号民事裁定书。
❸ 重庆银行股份有限公司朝天门支行重庆银行股份有限公司三峡广场支行破产重整案，重庆市第五中级人民法院（2019）渝05民他17、18、19号民事裁定书。
❹ 雷磊：《从"看得见的正义"到"说得出的正义"——基于最高人民法院〈关于加强和规范裁判文书释法说理的指导意见〉的解读与反思》，载《法学》2019年第1期。

第八十三条第二款,《中华人民共和国公司法》第三条第一款、第二十条、第二十一条,《中华人民共和国企业破产法》第二条、第四条、第七十一条,《全国法院破产审判工作会议纪要》中关于关联企业破产的有关规定,《中华人民共和国民事诉讼法》第一百五十四条第一款第十一项之规定,裁定如下……"❶在此,法院直接是将《会议纪要》与其他法律一起作为裁判依据的,而且从行文来看,也未体现《会议纪要》与其他法律规范之间的区别。有的法官虽然在说理部分援用了《会议纪要》,但从其表述"根据《破产法》第19条规定,以及最高人民法院于2018年3月4日发布的《全国法院破产审判工作会议纪要》的相关要求,本案应当中止对被执行人的执行程序"来看,❷虽未出现在裁判文书的结尾部分,但法院的确是在根据该《会议纪要》否定或肯定当事人的主张或者行为,已在实质意义上发挥着裁判依据的功用。

在黄某芸、刘某勇与重庆永祥房地产开发有限公司普通破产债权确认纠纷案中,法院判决"参照《全国法院破产审判工作会议纪要》第28条的规定,该违约金债权应按照劣后债权处理。故原告刘某勇、黄某芸要求确认该债权具有优先受偿权的诉讼请求不能成立,本院不予支持"❸。《企业破产法》第113条对破产分配顺位和分配原则作了整体性规定,但没有包括所有的请求权类型。《会议纪要》第28条在不违背《企业破产法》原则性规定的前提下,对破产债权的清偿原则和顺序给予补充完善,使得法官在裁判时更加清晰明确,也使得各方主体的利益得到尊重和受到公平公正保护。在这一案件中,法官虽使用了"参照"一词,但其对《会议纪要》的引用已起到裁判依据的作用。如果根据刘树德对裁判依据的界定,"裁判依据"是限于裁判结论所依据的最终的规范基础,即目前裁判文书

---

❶ 山东华金集团有限公司重整案,山东省泗水县人民法院(2018)鲁0831破1-5号民事裁定书。

❷ 杨某与重庆荣坤房地产开发有限责任公司房屋买卖合同执行纠纷案,重庆市第一中级人民法院(2017)渝01执194号之三执行裁定书。

❸ 黄某芸、刘某勇与重庆永祥房地产开发有限公司普通破产债权确认纠纷案,重庆市永川区人民法院(2016)渝0118民初8224号民事判决书。此裁判文书虽文号为2016,但实际作出时间为2018年12月20日。

样式中"依照……（参照……），作出如下判决"中的省略号所指的内容。❶ 那么，以上文书中《会议纪要》所承担的裁判依据的作用彰显无疑。

四、《会议纪要》与裁判结果之间的关联

在司法裁判中，参加诉讼的各主体地位区分清晰，根据援用《会议纪要》主体的不同，我们将援用《会议纪要》与裁判最终结果之间的关系进行对应性分析。

（一）当事人援用《会议纪要》对裁判结果的影响

当事人援用《会议纪要》，法官可能对此进行回应，作出采纳或不采纳两种决定。在当事人主动援用《会议纪要》的全部83份裁判文书中，法官仅对其中22份作出了回应，最终在10份裁判文书中采纳了援用意见。可见，在大多数情况下，当事人援用《会议纪要》未达到预期目的。

在闫某平与大连群英楼破产债权确认纠纷案中，原告认为，原告出资为大连群英楼全资子公司食品公司垫付破产职工安置费符合《会议纪要》的精神，由第三方垫付的职工债权，应认定为职工性质债权，按照垫付的职工债权性质进行清偿，并优先受偿。被告则指出，原告向被告出借的资金并非用于安置被告职工，故原告主张该笔债权属于优先受偿的债权无法律依据。法院在认定被告及其全资子公司食品公司共同与原告签订借款协议，用于垫付职工工资、社保、补偿金等安置费用共计3385716元这一重要事实的基础上，认为根据最高人民法院《关于正确审理企业破产案件为维护市场经济秩序提供司法保障若干问题的意见》第2条第5项和《会议纪要》第27条之规定，原告的案涉垫款应按照垫付的职工债权性质进行清偿，在清偿破产费用和共益债务后，优先受偿。❷ 在这一案件中，原告

---

❶ 刘树德：《"裁判依据"与"裁判理由"的法理之辨及其实践样态——以裁判效力为中心的考察》，载《法治现代化研究》2020年第3期。

❷ 闫某平与大连群英楼破产债权确认纠纷案，辽宁省大连市中级人民法院（2019）辽02民初923号民事判决书。

提出援用《会议纪要》的意见，被告和法官皆进行了回应。在企业破产清算的情况下，打击欠薪行为，保护职工的合法权益，稳定社会关系，是保持社会经济持续健康发展的重要内容。对企业职工工资等债权的保护，保障企业职工的基本生存权利具有重要价值，体现了该《会议纪要》所蕴含的新发展理念和以人为本的价值追求。此案中原告对《会议纪要》的援用是整体性的，并未提及《会议纪要》的具体条文和内容。被告则通过否认事实以瓦解争议问题与《会议纪要》之间的关联来进行回应。《会议纪要》第 27 条鼓励对属于工资构成的职工劳动收入优先予以保护，是对欠薪保障机制的完善，推动了利用司法的方式解决企业破产情形下的欠薪保障问题。法院以第 27 条的具体条文进行有针对性的回应，最终作出支持原告的裁判。

宫某诉威海佳华石材有限公司破产债权确认纠纷案中，被告佳华石材公司援用《会议纪要》第 28 条的规定，认为迟延履行期间的加倍利息债权属于惩罚性债权，应劣后于普通债权进行清偿。法院对此作出回应，认为被告被法院裁定破产清算之后产生的未履行生效法律文书应当加倍支付的迟延利息不属于破产债权，但破产受理之前的该部分利息应当认定属于破产债权。[1] 法官在尊重权利人破产程序开始前的地位及其差异性的基础上，合理采纳了《会议纪要》第 28 条涉及破产分配顺序和原则的相关规定，该规定是对《企业破产法》第 113 条的补充细化，体现了《会议纪要》在司法裁判中的指导和补充功能。在这一案件中，可以认为法官对被告援用《会议纪要》的意见予以了部分采纳。

在司法实践中，大多数情况下法官并没有对当事人援用《会议纪要》的主张进行回应，此时援用意见与裁判结果之间的关系便变得难以判断。法官不进行回应可能有多方面原因，如认为当事人援用《会议纪要》与案件事实没有关联性或关联性很弱，不需要回应；也可能本案的裁判依据已经非常充分和清晰，不需要再援用《会议纪要》。笔者认为，只要法院对

---

[1] 宫某诉威海佳华石材有限公司破产债权确认纠纷案，山东省乳山市人民法院（2019）鲁 1083 民初 1640 号民事判决书。

当事人援用《会议纪要》的诉求进行了回应，无论最终是否采纳了当事人意见，都可以理解为当事人援用《会议纪要》已经对司法裁判产生了至少是程序上的影响。至于法官没有进行回应的案件，则因情况比较复杂，不可简单得出结论。

（二）法官援用《会议纪要》对裁判结果的影响

在司法裁判实践中，法官对《会议纪要》的援用次数高于当事人，成为援用《会议纪要》的主体，毕竟《会议纪要》作为司法系统的内部指导文件，其直接的约束对象是司法机关而不是社会公众。法官对裁判结果具有决定性权力，显而易见，无论法院援用《会议纪要》是作为裁判理由还是作为裁判依据，援用《会议纪要》与裁判结果之间都是具有强关联性的。

北京万宝资本管理有限公司对山东万宝集团有限公司等28家公司合并破产重整复议案，核心争议是利害关系人对人民法院合并破产重整裁定不服而提起复议。对不同破产企业进行实质合并破产审理，涉及法人独立人格的否定、法人财产和债权债务混同的认定、全体债权人统一清偿等实体和程序问题，必须严格控制，依法进行。此案在审查的具体内容方面，法院一方面要审查适用实质合并破产的关联企业是否具有《企业破产法》第2条规定的破产原因，另一方面要对实质合并规则的适用条件进行审查。法院根据《会议纪要》第32条的规定，当关联企业成员之间存在法人人格高度混同、区分各关联企业成员财产的成本过高、严重损害债权人公平清偿利益时，可例外适用关联企业实质合并破产方式进行审理。经管理人对万宝集团等29家公司的股权关系、财产、债权债务、担保关系、公司治理和决策体系等进行全面清理，以及审计机构的混同专项审计，均认为北京万宝资本与万宝集团及其关联公司实际控制人均为辛某华，相互之间存在组织机构、人员、财务、资产混同等情形，已不具备独立的法人人格，单独破产将严重损害债权人公平清偿利益。可以看出，在法院作出本案符合合并重整条件的裁判结果上，《会议纪要》是形成裁判结果最为重要的依据。

卢某仁诉惠州市康旭房地产开发有限公司破产重整案中，一审法院明确援用《会议纪要》第 14 条的内容，认为康旭公司是否具有重整价值，应从债务人的资产优劣状况；债务人是否具有重整意愿或服从重整程序；重整是否获得债权人、股东、员工等各方利害关系人支持；债务人主营业务是否处于正常状态，是否具有继续经营条件；债务人是否能够通过重整偿还债务等综合因素进行判断。根据已经认定的事实，康旭公司目前的资产状况未能显现该公司有较高的重整价值和拯救可行性，且康旭公司在听证会中明确坚持不愿意进入司法重整程序，其是否具备执行重整计划的能力和可独立继续经营的可能性不大。在此基础上一审法院作出不予受理卢某仁对康旭公司的破产重整申请的裁定。二审法院虽没有直接提及《会议纪要》，但明确肯定了一审裁定结果，可以理解为一审法院对《会议纪要》的援用得到了认可。❶ 在前述分析中，当一审法院援用《会议纪要》的裁判被提出上诉时，有 32 个案件中二审法院对一审法院援用《会议纪要》的情况进行了回应，其中有 30 个案件二审法院支持了一审法院判决，表明一审法院在对《会议纪要》的理解和适用上的成功率是非常高的。

---

❶ 卢某仁诉惠州市康旭房地产开发有限公司破产重整案，广东省高级人民法院（2019）粤破终 26 号民事裁定书。

第七章　会议纪要对行政诉讼案件裁判的影响

为了对贯彻实施新《行政诉讼法》及司法解释中的疑难问题进行汇总，形成统一意见，作为行政审判庭制定司法解释和司法政策性文件的参考，2018 年 7 月，在前期审判工作座谈会和后期针对相关问题的收集、证立、研讨的基础上，最高人民法院第一巡回法庭发布了《关于行政审判法律适用若干问题的会议纪要》（本章以下简称《会议纪要》）。《会议纪要》针对关于诉讼参加人、证据、起诉和受理、审理和判决四大类事项，形成了 28 条共识。为充分了解《会议纪要》对司法实践的影响，笔者通过裁判文书网对提及此《会议纪要》的裁判文书进行检索。裁判文书的作出时间截止到 2021 年 12 月 31 日，排除正文中没有相关内容、转述一审判决等情况，共检索到有效裁判文书 115 份。

《会议纪要》全文 28 条，有 19 条在司法实践中已有明确应用，可见整体应用率还是比较高的。其中被提及次数较多的是第 1 条、第 21 条、第 25 条以及第 26 条，表明这几条涉及实践中比较迫切需要解决的问题。《会议纪要》第 4 条、第 8 条、第 9 条、第 10 条、第 13 条、第 15 条、第 16 条、第 18 条、第 27 条共 9 条没有被援用，其中多数是诉讼程序性规范。因为《会议纪要》中各条内容差异较大，不便整体性分析各条文的援用场景以及其对司法裁判的影响力，在下面的论述中，将就具体条文单独进行分析（见表 7-1）。

表 7-1 援用《会议纪要》各条文的行政诉讼裁判文书

援用《会议纪要》条文	裁判文书数量	援用《会议纪要》条文	裁判文书数量
第 1 条	13	第 15 条	0
第 2 条	1	第 16 条	0
第 3 条	5	第 17 条	4
第 4 条	0	第 18 条	0
第 5 条	1	第 19 条	1
第 6 条	3	第 20 条	2
第 7 条	8	第 21 条	26
第 8 条	0	第 22 条	3
第 9 条	0	第 23 条	2
第 10 条	0	第 24 条	2
第 11 条	1	第 25 条	17
第 12 条	9	第 26 条	12
第 13 条	0	第 27 条	0
第 14 条	1	第 28 条	4

一、援用《会议纪要》第 1 条的裁判情况分析

(一)《会议纪要》第 1 条的规范性内容

《会议纪要》第 1 条是关于举报人就其举报事项的查处情况申请政府信息公开,举报人是否具有原告资格的问题。在我国现行法律规范中,关于举报人的原告或复议申请人资格,《行政复议法》第 9 条第 1 款、《行政复议法实施条例》第 28 条对复议申请人资格进行了整体性规定;最高人民法院《关于举报人对行政机关就举报事项作出的处理或者不作为行为不服是否具有行政复议申请人资格问题的答复》作了具体规定。最高人民法院《关于适用〈中华人民共和国行政诉讼法〉的解释》第 12 条也作了类

似规定。同时,《政府信息公开条例》第51条规定,公民、法人或者其他组织认为行政机关在政府信息公开工作中侵犯其合法权益的,可以向上一级行政机关或者政府信息公开工作主管部门投诉、举报,也可以依法申请行政复议或者提起行政诉讼。此外,最高人民法院发布的第77号指导性案例"罗镕荣诉吉安市物价局物价行政处理案"的裁判要旨中指出:(1)行政机关对与举报人有利害关系的举报仅作出告知性答复,未按法律规定对举报进行处理,不属于最高人民法院《关于执行〈中华人民共和国行政诉讼法〉若干问题的解释》第1条第6项规定的"对公民、法人或者其他组织权利义务不产生实际影响的行为",因而具有可诉性,属于人民法院行政诉讼的受案范围。(2)举报人就其自身合法权益受侵害向行政机关进行举报的,与行政机关的举报处理行为具有法律上的利害关系,具备行政诉讼原告主体资格。

上述这些规范比较清晰,但又都没有明确说明当事人的举报投诉与申请信息公开行为同时存在时如何确定其复议申请人或行政诉讼原告资格,而实践中这种情形并不少见。因此《会议纪要》第1条针对"举报人就其举报事项的查处情况申请政府信息公开,举报人是否具有原告资格"问题给出回答:"作为消费者、服务的接受者、竞争权人、受害人或者举报事项奖励请求权人等利害关系人,为维护自身合法权益,向享有法定查处职权的行政机关举报经营者的违法行为,举报人就举报事项的处理情况申请政府信息公开的,与法定职权机关的政府信息公开答复行为或不予答复行为有利害关系,具有原告资格。仅以普通公民身份,行使宪法赋予的检举、控告权,向法定职权机关举报经营者的违法经营行为,要求予以查处,举报人就举报事项的处理情况申请政府信息公开的,通常与法定职权机关的政府信息公开答复行为或不予答复行为没有利害关系,不具有原告资格。但是,行政机关承诺举报有奖,举报人为获取奖励申请公开相关信息的除外。"

(二)《会议纪要》第1条集中体现了限制滥用诉权的司法政策

近些年来,我国在政府信息公开和举报类案件中出现比较集中的滥用申请权和滥用诉权行为。最高人民法院通过司法解释、发布典型案例等方式明确了限制和打击滥用诉权的司法政策。《会议纪要》第 1 条也是对这一司法政策的体现和贯彻。

《会议纪要》第 1 条的理由部分指出，政府信息公开案件的原告应当与被申请的政府信息有利害关系，才具有原告资格。如果只要提出政府信息公开申请，对行政机关作出的政府信息公开决定或不予答复行为不服，均具有利害关系，将会使政府信息公开案件变成全民诉讼，形成滥诉，浪费行政资源和司法资源。因此，不能仅仅以与其他公众完全相同的知情权受到侵犯为由，主张与被诉行政行为有利害关系。2019 年《政府信息公开条例》修订时，删去条例原第 13 条"公民、法人或其他组织可以根据自身生产、生活、科研等特殊需要，申请获取相关政府信息"。申请政府信息公开原则上不要求申请人与所申请信息具有利害关系。《会议纪要》的理由部分提及"政府信息公开案件的原告应当与被申请的政府信息有利害关系，才具有原告资格"显然是做了较大程度的限缩解释。

在此次分析的裁判文书中，有 13 例援用《会议纪要》第 1 条。其中，11 个案件是由原告/上诉人援用《会议纪要》第 1 条主张自己与争议行为存在利害关系，因而具有原告资格；2 个案件则是由被告提出，以说明原告与争议行为无利害关系；无一例是由法院首先援用，其中既没有以《会议纪要》作为裁判依据，也没有以《会议纪要》作为裁判理由的。无论是原告援用还是被告援用，在所有提及《会议纪要》的案件中，法院无一例外作出无利害关系的判断，认定无行政诉讼原告主体资格。

这 13 个案件中，虽然法院都作出无利害关系的认定，但具体情形又有不同。例如，在曾某奇诉中国证券监督管理委员会一案中，原告主张，其依据北京数码视讯科技股份有限公司的年度会计报表及会计师事务所审计报告进行投资，造成股票亏损。原告系基于维护自身合法权益提起的投诉，因此与北京证监局作出的答复函具有法律上的利害关系。法院审理认为，证券监管机关应当且仅应当为整个证券市场及所有投资者之共同利益而依法全面履行其监管职责。证券监管并不直接对个别投资者所涉及的权利冲突和市场纠纷进行考量和处理，其保护的投资者合法权益，应当且仅应当是所有不特定证券投资者的集合性权益。证券监管机关不负有仅针对个别举报而启动证券监管程序的义务，这与举报人是否参与了证券市场投资活动无关。❶ 从案件事实看，本案原告实际上进行了投资且具有利益损失，是为维护自身合法权益，向享有法定查处职权的行政机关举报经营者的违法行为。但是法院认为证券监管机关要对所有投资者共同权益进行平等保护，因为证券监管具有复杂性和专业性，监管机关要从多方面进行综合考量，最终认定原告与北京证监局所作答复函之间并无法律上的利害关系。可见，司法实践中法院对利害关系的认定所考虑的因素要比法条及《会议纪要》所表述的更为复杂。

类似的还有朱某春诉中国证券监督管理委员会一案，原告主张其因信赖广汇能源及苏宁易购而投资两家公司股票，造成亏损，后向证监机关举报两家公司财务年报存在虚假陈述等违法现象，要求行政机关进行查处。法院重申证券监管部门对上市公司实施监管的目的在于维护证券市场秩序，进而实现对投资者权益的保护。这种保护并不是对投资者个体直接进行保护，而是通过对证券市场交易秩序的维护，为投资者提供公平的市场交易环境。针对原告提出应参照最高人民法院第77号指导性案例"罗镕荣诉吉安市物价局物价行政处理案"裁判要点问题，特别指出，本案在基本案情等方面与最高人民法院第77号指导性案例不相类似，认定原告与证监机关的处理行为无利害关系。❷

在马某爽诉吉林市市场监督管理局船营分局不履行法定职责一案中，原告在茂源商行购买了价值7万元的参茸酒和鹿茸酒，原告及其家人饮酒后出现酒精中毒。原告进行举报，请求行政机关依法立案查处，行政机关作出行政处罚并告知原告。仅就这部分事实而言，认定原告与行政处罚决定之间具有利害关系似乎没有太大争议。但是法院依据职权调查，发现原告之前已经就此事多次提起复议和诉讼，而且在相关行政诉讼、民事诉讼

---

❶ 曾某奇诉中国证券监督管理委员会案，北京市第一中级人民法院（2019）京01行初576号行政判决书。

❷ 朱某春诉中国证券监督管理委员会案，北京市第一中级人民法院（2019）京01行初1220号行政判决书；北京市第一中级人民法院（2020）京01行初8号行政判决书。

审理过程中，又再次向同一经销商购买相同鹿茸商品，并多次投诉举报。由此法院认为原告的行为已超出了消费者为生活消费需要购买、使用商品或者接受服务的合理范畴，并非为维护自身合法权益向行政机关投诉的普通消费者，因此作出马某爽不具备提起本案行政诉讼原告主体资格的认定。❶

从法官和法院对《会议纪要》第 1 条内容的理解来看，他们对其中体现的司法政策的把握比《会议纪要》第 1 条字面表述还要更为严格，因此原告或上诉人对此条文的援用皆未实现预期目标。整体来说，从《会议纪要》第 1 条的内容和实际应用情况来看，其限制滥用诉权的目的和效果都是非常明显的。

二、援用《会议纪要》第 7 条的裁判情况分析

（一）《会议纪要》第 7 条的规范性内容

《会议纪要》第 7 条所要回答的问题是承租人起诉征收补偿决定、征收补偿协议，是否具有原告资格。《会议纪要》的解答是："一般而言，承租人与征收决定、征收补偿决定、征收补偿协议行为、强制拆除房屋行为没有利害关系，不具有原告资格。但是，承租人在被征收房屋上有不可分割的重大添附，或者依法独立在承租房屋开展经营活动，或者强制拆除房屋行为造成其物品损失的，承租人与征收决定、征收补偿决定、征收补偿协议行为以及强制拆除房屋行为有利害关系，具有原告资格。"

在此次分析的 8 个案件中，全部是由原告或上诉人援用《会议纪要》第 7 条的内容，以主张自己的利害关系人地位，其中有 2 个案件法院支持了这一主张。在兰某某诉长沙市岳麓区望岳街道办事处行政强制纠纷一案中，法院直接援用了《会议纪要》第 7 条正文，认为兰某某提起行政诉

---

❶ 马某爽诉吉林市市场监督管理局船营分局不履行法定职责案，吉林省长春铁路运输中级法院（2020）吉 71 行终 177 号行政裁定书。

讼，请求确认拆除其租赁房屋的行为违法并对其行政赔偿，其提供了营业执照、经营许可证、完税证明等材料对其承租房屋用于经营活动进行了初步证明，应认为望岳街道办的拆除行为可能侵犯兰某某的合法财产权益，兰某某与被诉拆除行为具有利害关系。❶肖某青、肖某诉永登县中川镇人民政府履行法定职责一案中，法院认为，肖某青、肖某与涉案房屋的所有权人柴某斌签订房屋租赁合同，承租其中川商贸一条街的房屋并由肖某青之子肖某作为兰州新区武商鞋城的经营场所，原告肖某青系承租人，原告肖某系依法独立在案涉承租房屋开展经营活动的经营户，二人均与案涉房屋征收及征收补偿安置协议行为存在利害关系，具有提起诉讼的原告主体资格，故对被告中川镇政府辩称原告不具备主体资格的意见不予采纳。❷在此案中，法院虽没有提及《会议纪要》，但支持了原告的诉讼请求。

在其他几起案件中，法院皆没有支持利害关系的认定，但情况又有差异。合肥市庐阳区可林快捷酒店诉合肥市庐阳区人民政府房屋征收决定案中，法院认为，可林酒店并非案涉房屋的所有权人，其只是通过转租取得案涉房屋使用权，且该租赁关系已经依法解除，故其不具备对案涉房屋征收决定提起诉讼的主体资格。至于其承租之后在案涉房屋上的装修、添附等如何处理问题，属于其与出租方之间的关系，其可依据租赁合同的约定提出主张。即使租赁双方约定，租赁期间遇到国家征收，其在案涉房屋上的装修、添附等补偿费用归其所有，这也仅涉及补偿问题，其亦仅可就补偿行为提起诉讼，而不能针对确定房屋所有权变动的征收决定提起诉讼。❸

王某忠诉苏州市郭巷街道办事处《清障补偿协议》一案中，一审与二审法院皆未认定原告的利害关系人地位，但是认定理由不同。一审法院认为本案争议的《清障补偿协议》性质上应归属于行政协议，原告并非行政协议的主体。原告作为该地块上的承租人，其与第三人之间的权利义务应

---

❶ 兰某某诉长沙市岳麓区望岳街道办事处行政强制纠纷案，湖南省长沙市中级人民法院（2020）湘01行终376号行政裁定书。

❷ 肖某青、肖某诉永登县中川镇人民政府履行法定职责案，甘肃省兰州市城关区人民法院（2020）甘0102行初65号行政判决书。

❸ 合肥市庐阳区可林快捷酒店诉合肥市庐阳区人民政府房屋征收决定案，安徽省高级人民法院（2020）皖行终432号行政裁定书。

依其与第三人签订的租赁合同确定,并不直接受《清障补偿协议》的制约和影响。二审法院则认为,从《清障补偿协议》协商过程来看,被上诉人在签订协议前未对涉案事项作出行政征收或者责令拆除等具有行政强制力的行政处理决定,故被诉协议并非被上诉人对上诉人所主张财产作出处理决定的后续补偿协议。从协议内容看,被上诉人与原审第三人约定由后者自行清理其土地上的相关房屋等,承诺清理成功后给予相应补偿,但被上诉人在协议中并未运用行政权力对上诉人主张的房屋和其他财产直接作出处理。涉诉财产是否处理以及如何处理,将视原审第三人与上诉人之间民事关系的处理而定。因此,涉案《清障补偿协议》对上诉人的权利义务不产生直接影响,上诉人不具备提起本案诉讼的原告主体资格。上诉人若对清障协议范围内的有关财产主张权利,应由上诉人与永顺建材公司通过民事途径等予以解决。至于上诉人提出其后续收到《限期搬离通知》及房屋被强制拆除等,其财产受到直接损失。法院认为,上诉人提出的上述行为均发生在《清障补偿协议》签订之后,且并非《清障补偿协议》约定的内容,故不在本案审理范围,依法不应受理。❶

海东市汇通建材批发有限责任公司诉海东市平安区人民政府土地及房屋行政征收案中,汇通建材公司援用《会议纪要》的规定,主张其在租赁场地上改扩建有房屋,但依据沈某辉和平安县平安镇西营村村委会签订的场地租赁合同约定,国家征用后乙方在租赁物上投资新建的附着物于10年后(2017年5月1日后)全部归甲方所有,也即征收时汇通建材公司仅作为征收范围内房屋的承租人,享有相关租赁权益。法院认为,根据法律、法规规定,集体土地上房屋的承租人,不属于征收集体土地需补偿安置人员的范围,征收集体土地应支付的补偿费用也不包括房屋承租人的相关补偿费用。汇通建材公司在集体土地征收补偿安置过程中并不享有行政法律上的权利,不是集体土地行政征收法律关系中的法定被征收人,其作为承

---

❶ 王某忠诉苏州市郭巷街道办事处《清障补偿协议》案,苏州市吴中区人民法院(2018)苏0506行初18号行政裁定书;江苏省苏州市中级人民法院(2019)苏05行终263号行政裁定书。

租人与相关征收行为不具有法律上的利害关系。❶

(二)《会议纪要》第 7 条起到了对司法解释再解释的作用

从《行政诉讼法》的规定可以看出,我国行政诉讼的构造属于主观诉讼,其第 25 条规定的具有原告资格的主体,不仅包括行政相对人,还包括其他与行政行为有利害关系的公民、法人或者其他组织。"利害关系"是理解行政诉讼原告资格的关键术语。为了回答"起诉主体认为其被侵害的权利是否能在行政诉讼程序中得到救济"这一核心问题,我国学界对"利害关系"的理解,主要存在二要件论、三要件论以及四要件论,推进了我国行政诉讼原告理论的发展。但在具体的司法案件中,因为各要件论都存在"宽松—严格"解释的问题,仍不足以准确判断原告资格。2018 年最高人民法院《关于适用〈中华人民共和国行政诉讼法〉若干问题的解释》第 12 条对"与行政行为有利害关系"进行了列举,但也未涉及征收案件中承租人的原告资格问题,《会议纪要》第 7 条起到了对司法解释再解释的作用。

在司法实践中,法院又对《会议纪要》第 7 条作了进一步的解释。袁某诉贵港市港北区人民政府不履行征收补偿职责案中,法院认为港北区政府是在袁某与暨阳公司租赁合同期限内就开始进行征收工作,却是在合同到期后的 2019 年 5 月 24 日才正式签订房屋征收补偿安置协议,并且是在袁某搬离后才于 2019 年 8 月 30 日拆除其承租的房屋,对袁某的经营权及屋内物品均没有造成损害。袁某既不是房屋征收决定指向的被征收人,港北区政府的征收行为也没有对袁某造成任何损害,因此,袁某与港北区政府的征收行为没有利害关系。❷

《会议纪要》第 7 条并没有提及租赁合同的期限与征收补偿行为的关系。从法律解释方法的角度来说,法院在前述案件中是使用了当然解释,

---

❶ 海东市汇通建材批发有限责任公司诉海东市平安区人民政府土地及房屋行政征收案,青海省高级人民法院(2019)青行终 113 号行政裁定书。
❷ 袁某诉贵港市港北区人民政府不履行征收补偿职责案,广西壮族自治区高级人民法院(2020)桂行终 47 号行政裁定书。

即认为租赁期限当然应该与征收补偿行为在时间上存在重合。在确定承租人的原告资格问题上,《会议纪要》形成了对司法解释利害关系人条款的解释,回应了司法实践对明确承租人原告资格问题的需求,而法官在司法实践中,又对《会议纪要》进行了更细致的解释以便将其适用于个案,可以说,《会议纪要》具有明确的规范性质。

三、援用《会议纪要》第 21 条的裁判情况分析

(一)《会议纪要》第 21 条的规范性内容

《会议纪要》第 21 条涉及的问题是起诉修改后的行政诉讼法施行前的行政协议行为,人民法院是否应当受理。1989 年颁布的《行政诉讼法》在 2014 年 11 月进行了首次大修,修订后的法律于 2015 年 5 月 1 日起实施。修订后的《行政诉讼法》在第 12 条关于行政诉讼受案范围的规定中,明确将"认为行政机关不依法履行、未按照约定履行或者违法变更、解除政府特许经营协议、土地房屋征收补偿协议等协议的"情形列为行政诉讼受案范围。修订前的《行政诉讼法》没有关于行政协议的具体规定,但在受案范围的规定中有兜底条款,并没有明确将行政协议排除在受案范围之外。

从司法实践来看,在修订后的《行政诉讼法》实施之前,关于行政机关与相对人的协议纠纷,通常是通过民事诉讼进入司法程序的。但修订后的《行政诉讼法》实施之后,关于 2015 年 5 月 1 日之前的行政协议引发的争议是否应作为行政诉讼案件进行审查,学界存在争议,实践中亦有不同做法。江必新法官主编的《中华人民共和国行政诉讼法及司法解释条文理解与适用》曾论及这一问题,认为根据修改后的《行政诉讼法》的规定,因行政协议发生争议的,属于行政诉讼受案范围,应当通过行政诉讼途径予以解决。修改后的《行政诉讼法》实施之前,已经按照民事诉讼途径审理和判决的行政协议纠纷,由于当时的法律、司法解释规定不明确,不宜再予以纠正。修改后的《行政诉讼法》实施之前按照民事案件予以立

案，尚未审结的案件，根据"依照修改前的行政诉讼法已经完成的程序事项，仍然有效"的规定，应当按照民事诉讼程序继续审理和判决。❶《会议纪要》第 21 条认为，当事人对修改后的行政诉讼法实施前的行政协议行为提起行政诉讼，符合法定受理条件的，人民法院应当依法予以受理。在理由部分，《会议纪要》认为："行政诉讼法第十二条关于行政诉讼受案范围的列举，只是对常见或实践中有争议的可诉行政行为受案范围的不完全列举。行政协议行为属于行政行为，且对当事人的人身权、财产权有可能会产生不利影响，根据 1989 年行政诉讼法规定，行政协议行为即应当属于行政诉讼的受案范围。只是在行政诉讼法修改之前，司法实践中对行政协议争议是通过民事诉讼，还是通过行政诉讼解决，确有争议。修改后的行政诉讼法第十二条第一款第（十一）项作出列举，对此予以明确，并非扩大行政诉讼的受案范围。"

（二）《会议纪要》第 21 条是司法解释出台前的探索和尝试

在援用《会议纪要》21 条的 26 个案件中，《会议纪要》全部是由上诉人提出的，且都是用以支持己方将与行政机关的协议纠纷纳入受案范围的上诉意见，可见在实践中，当事人对行政协议纠纷进入行政诉讼程序的诉求是非常强烈的。在所有案件中，仅有 1 例案件法院认为争议协议属于行政诉讼受案范围。这起案件是张某新等四人诉铜陵市铜官区人民政府行政协议案，上诉人与行政机关签订的《统拆统建拆迁安置协议书》发生在新的行政诉讼法实施前，但被上诉人不依法履行协议书的行为发生在新行政诉讼法实施后，即围绕行政协议纠纷发生的时间是在新行政诉讼法实施之后。上诉人明确援用《会议纪要》第 21 条作为支撑己方主张的依据，最终得到法院认可。法院虽未明确提及《会议纪要》，但采纳了与《会议

---

❶ 江必新主编：《中华人民共和国行政诉讼法及司法解释条文理解与适用》，人民法院出版社 2015 年版，第 97 页。

纪要》精神相同的立场，认可争议行政协议属于行政诉讼受案范围。❶ 这个案件提醒我们注意一个事实问题，即行政协议签订时间与围绕行政协议引发纠纷的时间可能是不一致的，对此司法应予以区分还是统一对待也未有相关规定。笔者认为，法院对此案的处理方式是值得肯定的。

在此次分析的其他案件中，法院皆作出争议协议不属于行政诉讼受案范围的裁判，其中又主要基于两种理由。第一种是法院认定争议协议为民事协议因此不属于行政诉讼受案范围。一般认为，行政协议包括四方面要素：一是协议有一方当事人必须是行政主体；二是该行政主体行使的是行政职权；三是协议目的是为实现社会公共利益或者行政管理目标；四是协议的主要内容约定的是行政法上的权利义务关系。从司法实践来看，法院通常认为这四个要素要同时具备且皆达到一定的充分性才为行政协议。如果协议内容既有行政法上的权利义务，也有民事上的权利义务，则法院倾向于将其认定为民事协议。

在魏某涛等多人诉郑州市二七区马寨镇人民政府、郑州市二七区马寨镇张寨村民委员会行政协议纠纷案中，争议协议是张寨村委会（甲方）与原告魏某涛（乙方）、被告马寨镇政府（丙方）签订的三方协议，协议书的内容包括房屋补偿款、过渡费、分配安置房等。上诉人魏某涛等名人认为协议书的内容主要是对拆迁安置事项进行约定，涉及大量行政管理事项，符合公共利益需要，依法属于行政诉讼法规定的行政协议。法院经审理认为，涉案协议书针对的主体是上诉人与张寨村委会，约定的是上诉人与张寨村委会双方就上诉人购买的案涉房屋被拆除而形成的民事合同法律关系，属于平等民事主体之间的民事法律关系。即使协议中注明马寨镇政府是担保方，案涉协议书也并未设定马寨镇政府相关的行政法上的权利义务。故案涉协议书应认定为民事合同。❷ 在潍坊领潮投资有限公司、威海尼柔丝新材料有限公司诉文登经济开发区管理委员会合同纠纷案中，争议

---

❶ 张某新等四人诉铜陵市铜官区人民政府行政协议案，安徽省高级人民法院（2019）皖行终122号行政裁定书。

❷ 魏某涛等多人诉郑州市二七区马寨镇人民政府、郑州市二七区马寨镇张寨村民委员会行政协议纠纷案，河南省郑州市中级人民法院（2020）豫01行终791号行政裁定书。

协议中存在由行政机关支付相关专利技术转让费用、负责协调项目建设用地、代为垫付建设资金的项目等有关事宜。争议焦点是文登经区管委会未履行合同约定的义务提供项目用地和交付项目厂房。可以看出,争议协议中既有私权内容,也有公权内容。法院认为,涉案合同一方当事人文登经区管委会虽然系行政主体,其目的亦为招商引资,但从合同内容来看,合同的主要内容系民事权利义务的约定,并非行政权利义务关系,因此涉案合同不属于行政协议,不属于行政诉讼受案范围。❶

在最高人民法院 2021 年 5 月发布的行政协议典型案例"九鼎公司诉吉林省长白山保护开发区池北区管理委员会、吉林省长白山保护开发区管理委员会不履行招商引资行政协议案"中,协议中包含地方政府及其职能部门为实现公共管理职能或者公共服务目标与投资主体达成的给予一系列优惠政策的内容,法院将这种引资协议认定为行政协议。香港斯托尔实业公司诉泰州市人民政府、泰州市海陵区人民政府、江苏泰州海陵工业园区管理委员会招商引资协议案,争议协议也是招商引资协议,法院认为协议有关民事权利义务的约定与行政权利义务的约定互相交织、难以完全分离。在此情形下,上级法院应当尊重当事人选择权,而不宜仅因协议定性问题推翻下级法院生效裁判。斯托尔公司因诉讼管辖等方面考虑,坚持选择行政诉讼程序寻求救济,则人民法院应同样予以尊重,并作为行政案件立案和审理。❷

实践中,法院作出争议协议不属于行政诉讼受案范围裁判的第二种理由是:2019 年出台的最高人民法院《关于审理行政协议案件若干问题的规定》在这一问题上作出了明确且与会议纪要不同的规定,因此在 2020 年 1 月 1 日司法解释生效后,法院便不再根据会议纪要的内容和精神处理案件。

《关于审理行政协议案件若干问题的规定》第 2 条对可以提起行政诉讼的行政协议类型进行了列举,并在第 28 条明确规定,2015 年 5 月 1 日

---

❶ 潍坊领潮投资有限公司、威海尼柔丝新材料有限公司诉文登经济开发区管理委员会合同纠纷案,山东省威海市中级人民法院(2019)鲁 10 行终 66 号行政裁定书。
❷ 香港斯托尔实业公司诉泰州市人民政府、泰州市海陵区人民政府、江苏泰州海陵工业园区管理委员会招商引资协议案,最高人民法院(2017)最高法行再 99 号行政裁定书。

后订立的行政协议发生纠纷的，适用行政诉讼法及本规定。2015年5月1日前订立的行政协议发生纠纷的，适用当时的法律、行政法规及司法解释。从法律效力上来说，司法解释的效力要高于会议纪要，这意味着《会议纪要》第21条的内容已经完全被司法解释取代。

江门市新会区双水镇双水村三巷经济合作社诉江门市新会区双水镇人民政府行政协议纠纷中，法院认为，因2015年5月1日起施行的《行政诉讼法》才正式将行政协议纳入行政诉讼范围，而对于2015年5月1日前订立的行政协议发生的纠纷，根据当时法律规定，人民法院将其纳入民事诉讼受案范围，通过民事诉讼方式进行司法救济。因此，三巷经合社提起的诉讼，不符合行政案件立案条件。三巷经合社上诉提出应参考《会议纪要》的规定及最高人民法院（2017）最高法行再99号行政裁定对本案进行立案。因上述会议纪要及最高人民法院（2017）最高法行再99号行政裁定在《关于审理行政协议案件若干问题的规定》颁布之前，故应适用该司法解释的规定确定本案是否属于行政诉讼受案范围。❶ 在张某华、王某莲诉铜陵市义安区人民政府不履行行政协议一案中，法院没有援引司法解释，但采纳了与司法解释相同的立场。法院认为，123号《安置协议书》签订于2013年9月6日，系新行政诉讼法施行之前形成的协议。对类似行政协议，根据当时的法律规定和人民法院处理此类纠纷的通常做法，一般不纳入行政诉讼受案范围，主要通过当事人提起民事诉讼等方式寻求救济，故张某华、王某莲现针对新行政诉讼法施行前的行政协议提起行政诉讼，相关法律依据不充分。最高人民法院在处理类似案件时，如（2016）最高法行申4520号、（2016）最高法行申1785号等案件的生效裁判文书，均体现上述观点。❷

关于在《关于审理行政协议案件若干问题的规定》出台之前，对于新修改的行政诉讼法实施之前形成的类似协议，是否纳入行政诉讼受案范

---

❶ 江门市新会区双水镇双水村三巷经济合作社诉江门市新会区双水镇人民政府行政协议纠纷案，广东省江门市中级人民法院（2020）粤07行终95号行政裁定书。

❷ 张某华、王某莲诉铜陵市义安区人民政府不履行行政协议案，安徽省高级人民法院（2020）皖行终68号行政裁定书。

围，包括最高人民法院在内的各级法院，亦有不同做法。例如，上文中提到的（2016）最高法行申1785号再审行政裁定书中认为，对于新修改的行政诉讼法施行之前形成的类似行政协议，根据当时的法律规定和人民法院处理此类纠纷的通常做法，一般不纳入行政诉讼受案范围，主要通过当事人提起民事诉讼方式寻求司法救济。❶

在前文提到的香港斯托尔实业案中，生效裁定则采用了不同的解释立场。根据最高人民法院《关于印发〈关于审理行政案件适用法律规范问题的座谈会纪要〉的通知》对有关新旧法律适用以及法不溯及既往问题所作的规定，对《行政诉讼法》修改后的条款，除非明确规定不溯及既往或者因条款性质不适宜溯及既往的，原则上对有关受案范围、审理程序、裁判种类等属于法院裁判职权专属事项的规定，人民法院均应当适用新的规定进行裁判。由于《行政诉讼法》第12条第1款第11项是有关行政诉讼受案范围的规定，属于人民法院行使裁判职权专属事项，依法即具有溯及力。因此，对形成于2015年5月1日之前的行政协议，如果协议双方未明确约定争议解决适用仲裁或者民事诉讼途径的，作为协议一方的公民、法人或者其他组织提起行政诉讼，人民法院依法应当立案受理。❷

黄某玲诉南京市栖霞区房屋拆迁安置管理办公室行政纠纷案，法院除援引《关于审理行政协议案件若干问题的规定》外，另指出，因案涉的拆迁补偿安置协议载明的签订时间是2013年12月26日，依照当时适用的最高人民法院《关于受理房屋拆迁、补偿、安置等案件问题的批复》"拆迁人与被拆迁人因房屋补偿、安置等问题发生争议，或者双方当事人达成协议后，一方或者双方当事人反悔，未经行政机关裁决，仅就房屋补偿、安置等问题，依法向人民法院提起诉讼的，人民法院应当作为民事案件受理"的规定，本案应通过民事诉讼途径处理，依法不属于人民法院行政诉

---

❶ 张某六与浙江省义乌市义亭镇人民政府再审案，最高人民法院（2016）最高法行申1785号行政裁定书。
❷ 香港斯托尔实业公司诉泰州市人民政府、泰州市海陵区人民政府、江苏泰州海陵工业园区管理委员会招商引资协议案，最高人民法院（2017）最高法行再99号行政裁定书。

讼的受案范围。[1]

(三)《会议纪要》第 22 条提供的多种选择

作为一项典型的公法与私法融合的产物,行政协议本身兼有行政与民事双重性质,对于行政协议相关纠纷是否应纳入行政诉讼受案范围,民事与行政领域皆有相关调整规范,司法实践中也有不同做法。《会议纪要》第 21 条尝试从受案范围角度回应实践中关于行政协议的争议是不够的。比如关于国有土地使用权出让协议是否属于行政协议的争议,会影响到其纠纷的解决途径。因此《会议纪要》第 22 条,紧接着对这一问题进行了解答:"国有土地出让合同属于典型的行政协议,因为签订行政协议行为,行政机关不依法履行、未按照约定履行协议行为,行政机关单方变更、解除协议引发的纠纷,应当通过行政诉讼的途径解决。"《会议纪要》对此给出的理由是:"国有土地出让协议,是土地管理部门为实现土地行政管理的目标,行使法律赋予的土地行政管理法定职权,与国有土地使用权的受让人签订的具有行政法上权利义务内容的协议,属于行政协议范畴,是最典型的行政协议,发生相关争议,应当属于行政诉讼的受案范围。但是,应当注意的是,目前最高人民法院《关于审理涉及国有土地使用权合同纠纷案件适用法律问题的解释》依然有效,该司法解释将国有土地出让合同纠纷作为民事案件受理,而行政诉讼法和相关行政诉讼的司法解释尚未明确国有土地出让合同属于行政诉讼的受案范围,当事人选择民事诉讼途径解决争议的,人民法院应当尊重当事人的选择。"在现有司法解释与行政法理论关于行政协议存在不一致的情况下,《会议纪要》提出了尊重当事人选择的建议。但从司法实践来看,《会议纪要》第 22 条所提供的建议并未对司法裁判产生明显影响。在裁判文书网可搜索到的裁判文书中,当事人援用《会议纪要》第 22 条的主张无一得到法院采纳。例如在北京市阳光都市小区业委会诉北京市规划和自然资源委员会案中,上诉人援用《会

---

[1] 黄某玲诉南京市栖霞区房屋拆迁安置管理办公室行政纠纷案,江苏省南京市中级人民法院(2021)苏 01 行终 94 号行政裁定书。

议纪要》第 22 条主张涉案土地合同应属行政协议,一审和二审法院皆认为国有土地使用权出让合同不属于人民法院行政诉讼的受案范围而未予立案。❶

可以认为,《会议纪要》是最高人民法院出台《关于审理行政协议案件若干问题的规定》前的一种探索和尝试,虽然其仍无法为区分行政协议争议中的公法与私法内容提供清晰标准,亦无法完全解决实践争议,但是从现有努力方向来看,尤其是所体现的对当事人诉讼案由选择的尊重,是符合行政诉讼制度目的的。

四、援用《会议纪要》第 25 条的裁判情况分析

(一)《会议纪要》第 25 条的规范性内容

我国《城市规划法》自 1990 年 4 月 1 日起施行,《城乡规划法》自 2008 年 1 月 1 日起施行,《城市规划法》同时废止。《会议纪要》第 25 条要回答的问题是:违法建筑物建成于《城乡规划法》实施之前,规划部门在该法实施之后作出行政处罚,应当适用《城乡规划法》还是《城市规划法》的相关规定。这涉及针对同一调整事项,新法与旧法的关系问题。之前,最高人民法院《关于审理行政案件适用法律规范问题的座谈会纪要》中已有相关规定。根据这一规定,结合原建设部关于"违法建筑属于违法行为的持续状态"的行政解释,此次《会议纪要》对此作的解答是:"行政机关作出行政处罚决定,实体处理应当适用违法行为发生时有效的法律。但是,新法的规定更有利于被处罚人的,应当根据从旧兼从轻的原则,适用新法规定。违法行为处于持续状态的,应当适用违法行为终了时有效的法律。违法建筑属于违法行为持续状态,应当适用作出行政处罚时有效的《城乡规划法》。"在援用《会议纪要》的案件中,大多数裁判结

---

❶ 北京市阳光都市小区业委会诉北京市规划和自然资源委员会案,北京市第三中级人民法院(2020)京 03 行终 927 号行政裁定书。

果都与《会议纪要》的内容一致，即最终适用新法，且多由法官主动援用《会议纪要》作为参照，个别案件略有差异。

在冯某某诉亳州市城市管理行政执法局一案中，亳州市城市管理行政执法局于2018年8月9日根据《城市规划法》作出处罚决定。一审法院认为，原告冯某某的摩天环车及简易房7间建设于2002年至2005年期间，对建设时相关规划方面的要求，原则上应适用《城市规划法》的规定。冯某某在上诉意见中指出根据2018年7月23日的《会议纪要》应适用《城乡规划法》，同时，"从旧兼从轻原则"要受到2年时效的限制，适用《城市规划法》就违反了《行政处罚法》第29条的规定。被上诉人亳州市城管局认为，《城市规划法》第40条和《城乡规划法》第64条在规定违法建设的法律责任上没有特别规定。两部法律对违法建设在罚款幅度、拆除条件上比较，《城乡规划法》重于《城市规划法》。❶"从旧兼从轻"在行政处罚方面，法律没有明确规定，《会议纪要》是对法院审查行政机关作出行政处罚时，为保护相对人的利益作的例外规定，并未对以"2年时效"为条件作限制性规定。二审法院认为，上诉人冯某某未取得规划许可进行非法建设的行为发生在2002年，且一直持续至今，无论是依据《城市规划法》抑或依据《城乡规划法》的上述规定，上诉人违法建设的事实均成立，且违反了上述城乡规划确定的禁止占用绿地的规定，依照上述法律规定，应当依法限期拆除。根据2004年最高人民法院《关于印发〈关于审理行政案件适用法律规范问题的座谈会纪要〉的通知》，本案中，上诉人违法建设的行为发生于《城乡规划法》实施之前，被上诉人作出被诉行政行为在新法实施以后，被上诉人适用《城市规划法》的规定作出被诉行政行为并无不当，且无上述文件规定的除外情形。❷

在这一案件中，违法建筑物形成于《城市规划法》之后、《城乡规划法》之前，但争议行政处罚行为适用了旧法，法院并未依据《会议纪要》

---

❶ 根据笔者对这两部法律法律责任部分的对比，《城市规划法》对法律责任规定得比较笼统，而《城乡规划法》则比较具体，但从法条条文字面无法看出处罚幅度上的明显差别。

❷ 冯某某诉亳州市城市管理行政执法局案，安徽省亳州市中级人民法院（2019）皖16行终59号行政判决书。

的规定改用新法,看起来《会议纪要》并未发挥约束性效力。但与此同时,二审法院又援用 2004 年的另一会议纪要作为说明适用旧法"并无不当"的理由。可以看出,在新法与旧法衔接的问题上,实践中仍存在不少分歧。

(二)《会议纪要》第 25 条对其他案件的参照作用

根据《会议纪要》第 25 条的内容,实践中对应的具体结果是对于违法行为处于持续状态的情况,适用法律"从新"。这不仅对违反规划的行为进行了有针对性的调整,对一些类似案件也起到了参照作用。例如,石门县泥市水电站诉石门县环境保护局环境管理行政处罚案中,泥市水电站具有违反环保设施"三同时"验收制度的事实,这并不属于《城市规划法》与《城乡规划法》的调整范围。一审法院认为,由于泥市水电站的违法行为发生在《建设项目环境保护管理条例》修订前,根据"程序从新、实体从旧"的法律适用原则,通过新旧条例的比较,旧条例第 28 条中责令停止生产和使用,与新条例第 19 条、第 23 条规定并不矛盾,修订前的条例对本案涉及的违法行为的行政罚款处罚额度更轻,从有利于当事人的原则出发,对泥市水电站的行政处罚应当适用修订前即 1998 年发布的《建设项目环境保护管理条例》。但二审法院援用《会议纪要》第 25 条作为参考,认为应适用违法行为终了时有效的法律,即 2017 年修订的《建设项目环境保护管理条例》。[1]

在郑某祥诉泉州台商投资区管理委员会环境与国土资源局行政处罚案中,涉及对未经批准占用滩涂围垦建设养殖设施行为的处理,前后有三个法律规范,即《福建省沿海滩涂围垦办法》第 28 条、《福建省海域使用管理办法》第 18 条、《海域使用管理法》第 42 条。依照上述规范,原告的行为都构成违法,都应处罚,但处罚的具体种类、幅度不同,且落差巨大。法院主动援用《会议纪要》作为参考,再结合比例原则,最终确定适

---

[1] 石门县泥市水电站诉石门县环境保护局环境管理行政处罚案,湖南省常德市中级人民法院(2019)湘 07 行终 39 号行政判决书。

用新法。❶

在我国法治进程迅速推进的过程中，不少领域都出现新法与旧法衔接的问题，有时无法准确区分新法与旧法孰轻孰重。《会议纪要》第 25 条作了具体的规定，不仅解答了适用新法与旧法的问题，同时也间接回答了持续性违法行为是否存在超过追溯时效的问题，为实践中应对这一问题提供了依据。

---

❶ 郑某祥诉泉州台商投资区管理委员会环境与国土资源局行政处罚案，厦门海事法院（2019）闽 72 行初 23 号行政判决书。

第八章 会议纪要的功能偏差与规范化校正

一、会议纪要在司法裁判中的功能偏差

(一) 会议纪要的短期化与司法稳定性之间的偏差

会议纪要是司法机关为了适应司法形势的变化制作的规范性司法指导文件，其灵活性、时效性强，具有短期化特征。从表8-1可知，现已失效的8件最高人民法院发布的会议纪要从实施到失效时间都相对较短。在司法实践中，有的会议纪要生命周期更为短暂，可能在未被清理废止之前已成为"僵尸会议纪要"。例如，《关于处理中朝两国公民离婚案件座谈会纪要》，其实已经早被《民事诉讼法》和《婚姻法》所代替，但直到2012年9月29日才被清理废止。

表8-1 最高人民法院曾发布的现已失效的会议纪要统计[1]

会议纪要名称	实施日期	失效日期	废止理由
全国法院审理毒品犯罪案件工作座谈会纪要	2000年4月4日	2013年4月8日	已被《全国部分法院审理毒品犯罪案件工作座谈会纪要》代替
全国经济审判工作座谈会纪要	1993年5月6日	2013年1月18日	社会形势发生变化，不再适用

---

[1] 检索数据库：北大法宝。最后访问日期：2020年1月25日。

续表

会议纪要名称	实施日期	失效日期	废止理由
最高人民法院关于十二省、自治区法院审查毒品犯罪案件工作会议纪要	1991年12月17日	2013年1月18日	社会形势发生变化，不再适用
全国部分省、市法院刑事审判工作会议纪要	1989年10月14日	2013年1月18日	通知内容已失效
全国法院减刑、假释工作座谈会纪要	1989年2月14日	2013年1月18日	刑法、刑事诉讼法及相关司法解释已有明确规定
依法查处非法出版犯罪活动工作座谈会纪要	1988年11月11日	2013年1月18日	刑法及相关司法解释已有新规定
八省市法院审判贪污、受贿、走私案件情况座谈会纪要	1987年12月31日	2013年1月18日	通知已过时效
关于处理中朝两国公民离婚案件座谈会纪要	1966年5月12日	2012年9月29日	已被民事诉讼法和婚姻法代替

在中国裁判文书网上逐一全文检索以上失效的8件会议纪要，只检索到《全国法院审理毒品犯罪案件工作座谈会纪要》11篇和《全国经济审判工作座谈会纪要》15篇，其他都为0篇。❶《全国法院审理毒品犯罪案件工作座谈会纪要》和《全国经济审判工作座谈会纪要》废止时间都是2013年1月18日，但是检索到的裁判文书作出时间都是在2013年1月18日之后，出现的场景大多是当事人援用其作为诉讼理由，而（2015）三亚刑终字第48号、（2014）长刑终字第118号和（2017）黔0221刑初85号裁判文书在法律适用部分当审法官援用了已被废止的《全国法院审理毒品犯罪案件工作座谈会纪要》相关规定作为裁判理由。在（2017）浙0902

---

❶ 《全国法院审理毒品犯罪案件工作座谈会纪要》相关裁判文书共搜索到11篇，其中（2015）三亚刑终字第48号、（2017）黔0221刑初85号和（2014）湛吴法刑初字第237号各重复上传一次，所以实有8篇。《全国经济审判工作座谈会纪要》相关裁判文书共搜索到15篇，其中（2013）粤高法民二终字第83号重复上传一次，所以实有14篇。最后检索日期：2020年3月4日。

民初 03104 号和（2014）沭耿民初字第 01019 号裁判文书中，法官在法律适用部分援用了已被废止的《全国经济审判工作座谈会纪要》相关规定作为裁判理由。援用已废止的会议纪要，尤其是法官在法律适用部分作为裁判理由，显然构成司法裁判与裁判文书的错误，也可以从另一个角度说明会议纪要的短期性与司法裁判的稳定性之间存在矛盾。

从这 8 件会议纪要被废止的理由来看，一是被新的会议纪要替代，例如，2000 年《全国法院审理毒品犯罪案件工作座谈会纪要》被 2008 年《全国法院毒品犯罪审判工作座谈会纪要》和 2015 年《全国法院毒品犯罪审判工作座谈会纪要》代替。二是社会形势发生变化，会议纪要已没有存在的必要，如 1993 年《全国经济审判工作座谈会纪要》和 1991 年最高人民法院《关于十二省、自治区法院审查毒品犯罪案件工作会议纪要》皆属此种情况。三是会议纪要本身的时效已到，自动失效，如 1989 年《全国部分省、市法院刑事审判工作会议纪要》、1987 年《八省市法院审判贪污、受贿、走私案件情况座谈会纪要》。四是会议纪要被效力更高的法律或者司法解释所替代，如 1966 年《关于处理中朝两国公民离婚案件座谈会纪要》、1988 年《依法查处非法出版犯罪活动工作座谈会纪要》、1989 年《全国法院减刑、假释工作座谈会纪要》皆属这种情况。由此可见，会议纪要的短期化特征是非常突出的，相对于法律来说本身稳定性更弱。

会议纪要的短期化对司法裁判的稳定性会产生一定的冲击。会议纪要不属于我国的正式法律渊源，法院裁判文书中不得援引其条文作为裁判依据，但它们实际上对法官的司法裁判具有规范指导作用，可能对判决形成拘束力，成为隐性裁判规范。例如，最高人民法院于 2000 年、2008 年、2015 年分别发布的《全国法院毒品犯罪审判工作座谈会纪要》。这三大会议纪要对毒品犯罪的死刑适用存在不同的规定。2000 年《全国法院毒品犯罪审判工作座谈会纪要》指出，死刑的适用要"综合考虑被告人的犯罪情节、危害后果、主观恶性等因素"。2008 年《全国法院毒品犯罪审判工作座谈会纪要》指出：在对犯罪分子适用死刑时要"综合考虑毒品数量、犯罪情节、危害后果、被告人的主观恶性、人身危险性以及当地禁毒形势等各种因素"。2008 年《全国法院毒品犯罪审判工作座谈会纪要》比 2000 年

《全国法院毒品犯罪审判工作座谈会纪要》在毒品犯罪死刑适用上增加了毒品数量、人身危险性以及禁毒形势等规定。2015年《全国法院毒品犯罪审判工作座谈会纪要》在对2008年《全国法院毒品犯罪审判工作座谈会纪要》中相关因素进行重申的基础上，强调应当"严格审慎地适用死刑，确保死刑只适用于罪行极其严重的犯罪分子"。从2000年《全国法院毒品犯罪审判工作座谈会纪要》和2008年《全国法院毒品犯罪审判工作座谈会纪要》到2015年《全国法院毒品犯罪审判工作座谈会纪要》，我国刑事司法政策经历了从"严打"到"宽严相济"的变化。在这十几年间，毒品犯罪审判工作指导文件连续变动必然对司法裁判的稳定性产生影响。2000年《全国法院毒品犯罪审判工作座谈会纪要》现已废止，2008年《全国法院毒品犯罪审判工作座谈会纪要》和2015年《全国法院毒品犯罪审判工作座谈会纪要》同时并用，它们之间的差异也可能会对司法裁判产生影响。

上述事例说明，党和国家政策的调整可能导致司法政策的不稳定，司法政策缺乏稳定性又会影响用于执行司法政策的会议纪要。会议纪要的短期性会影响司法裁判的可预期性，从而给司法裁判稳定性带来一定不利后果。首先，由于会议纪要是最高人民法院解决司法困境的实效性司法文件，关系到司法公平公正和司法权威。如果会议纪要的内容变动频繁，导致司法裁判的结果前后不一致，易造成司法混乱。其次，会议纪要是对我国的法律、法规和司法解释等司法适用的补充完善，是司法裁判规则的一部分。会议纪要缺乏稳定性将会影响整个司法体系的运行，进而造成司法各类规则之间的不协调，甚至冲突。最后，会议纪要缺乏稳定性将影响社会公众对司法的预期，也会导致社会公众对司法权威产生质疑，在不同程度上减损司法公信力。

（二）会议纪要的内部效力与司法公开之间的偏差

从对司法文件公布的方面来看，最高人民法院主要将会议纪要作为内部规范性司法指导文件，在司法系统内部传达实行。对照司法解释公布来看，最高人民法院《关于司法解释工作的规定》第25条和第27条明确规定了司法解释的公布程序、法定效力和司法适用等。会议纪要没有像司法解释那样，明确规定在法定媒介上向社会公开发布。在司法裁判过程中，法官可能参照适用未公开的会议纪要，甚至在裁判文书中援用其规定作为裁判理由。因此未公开的会议纪要在司法裁判中可能被参照适用与司法公开原则产生偏差。具体来说，最高人民法院将有的会议纪要明确规定为内部文件，从而这一类会议纪要不可能在最高人民法院的法定媒介上向社会公众公开发布。例如，在我国最高人民法院的官方网站和官方出版物上都查询不到《全国民事审判工作会议纪要》（法办〔2011〕442号）。"最高人民法院未将'法办〔2011〕442号'会议纪要公布，这不仅对当事人寻法依据造成障碍，也使法院适法裁判产生困惑，进而导致司法实践中当事人主张及法院裁判说理中援用准确率相当低。"[1] 最高人民法院将会议纪要作为司法系统内部文件，没有向社会公众公开，导致社会公众不了解会议纪要的具体规定，却要求各级法院认真参照执行，致使在司法裁判中没有公开的会议纪要成为法官司法裁判理由，甚至作为了裁判依据。这种做法不仅影响社会公众对整个案件的判断，也可能侵犯社会公众的合法权益，违背司法公开原则。

对现行有效的会议纪要行文进行分析，最高人民法院最初的意图是将其作为司法系统内部规范性指导文件。首先，这些会议纪要效力级别分为三种。一是司法解释性质文件，如《全国法院民事再审审查工作座谈会纪要》《全国法院少年法庭工作会议纪要》等；二是工作指导文件，如最高人民法院、国家文物局《研究推进司法文物保护利用工作座谈会纪要》《刑事案件速裁程序试点工作座谈会纪要（二）》等；三是少数效力级别为司法解释的会议纪要，如《办理黑社会性质组织犯罪案件座谈会纪要》，不过这种具有司法解释效力级别的会议纪要很少。综上所述，这些会议纪要主要作为规范性司法指导文件，主要针对司法机关的审判工作。

其次，会议纪要发文的对象明确具体，并非针对社会公众，只面向机

---

[1] 魏振华：《民事审判中司法指导性文件援用的实证考察——以"法办〔2011〕442号"会议纪要为例》，载《中国法律评论》2017年第6期。

关内部人员。若是最高人民法院单独制作的会议纪要，发文的对象则是地方法院，如《关于审理期货纠纷案件座谈会纪要》发文的对象是"各省、自治区、直辖市高级人民法院，解放军军事法院"；若是最高人民法院与其他部门联合发文，其对象还包括其他部门的下级部门。如《关于办理假冒伪劣烟草制品等刑事案件适用法律问题座谈会纪要》的发文对象就是多个部门。❶ 由此可见，会议纪要作为内部文件，都有明确的接收和执行对象。

再次，会议纪要对发文对象的要求也不一样，有的只发会议纪要的记录内容，没有提出具体要求，如《全国法院民事再审审查工作座谈会纪要》和《全国法院少年法庭工作会议纪要》；有的明确提出参照执行要求。如最高人民法院《印发〈关于审理上市公司破产重整案件工作座谈会纪要〉的通知》明确要求各级法院结合审判工作实际遵照执行。因此可见，从会议纪要的行文特征可以得知，最高人民法院最初的意图是将会议纪要作为司法系统的内部文件，规范、指导、约束司法裁判行为，其行文对象并非社会公众。

在司法实践中，一些会议纪要在裁判文书中没有得到直接陈述，法官只是在司法裁判过程中隐性参照，遵从了最高人民法院作为内部文件参照使用的意图。但是随着会议纪要在裁判文书中显性表现逐渐增多，尤其援用会议纪要作为裁判理由，甚至少数被援引作为裁判依据，这使得会议纪要的内部效力外部化。此外，当事人及其代理律师援用会议纪要的现象也逐渐增多，这使得作为司法系统内部指导文件的会议纪要成为没有公开的事实外部文件。没有公开发布的会议纪要在裁判文书中被法官援用显然违背了司法公开原则，使得会议纪要的内部效力与司法公开之间产生偏差。

---

❶ 最高人民法院、最高人民检察院、公安部、国家烟草专卖局下发《关于办理假冒伪劣烟草制品等刑事案件适用法律问题座谈会纪要》的发文对象为"各省、自治区、直辖市高级人民法院，人民检察院，公安厅、局，烟草专卖局，解放军军事法院，军事检察院，新疆维吾尔自治区高级人民法院生产建设兵团分院，新疆生产建设兵团人民检察院，公安局"。

二、司法裁判中会议纪要功能定位的校正

如前所述,会议纪要在司法过程中作为裁判理由还是裁判依据,实践中是存在不同做法的。究其原因,一是现有法源理论不足以解释会议纪要的规范性质。二是会议纪要体系内部存在功能定位不统一的问题。

根据我国主流的法源理论,法律渊源可以分为正式法源与非正式法源。[1] 会议纪要显然不是正式法源,其最多只能作为非正式法源,在正式法源缺位时可以得到适用。换句话说,在法律、行政法规、地方性法规等上位规范存在时,会议纪要是没有发挥裁判依据作用的空间的。2009 年最高人民法院《关于裁判文书引用法律、法规等规范性法律文件的规定》分别明确规定了刑事裁判文书、民事裁判文书和行政裁判文书的裁判依据。其中第 6 条明确规定了法定裁判依据法律、法规和司法解释之外的规范性文件,这些规范性文件经过认定合法有效,可以作为法官裁判说理的依据。这表明会议纪要作为裁判理由有规范可循。2016 年最高人民法院印发《人民法院民事裁判文书制作规范》和《民事诉讼文书样式》的通知中对会议纪要作为司法裁判依据进行了明确规定:"裁判文书不得引用宪法和各级人民法院关于审判工作的指导性文件、会议纪要、各审判业务庭的答复意见以及人民法院与有关部门联合下发的文件作为裁判依据,但其体现的原则和精神可以在说理部分予以阐述。"至此,似乎会议纪要作为裁判理由而非裁判依据的功能定位已经非常明晰。

会议纪要的制定主体是司法机关,司法机关掌握的是司法权力,使得会议纪要也具有了司法审判的指导意义。从文件的形成过程来看,会议纪要的形成,首先基于现实中的审判会议,是对于会议内容的记录、整理和传承。从参加会议的主体来看,无论是《九民会议纪要》,还是《破产审

---

[1] 学界关于法律渊源的含义与分类存在广泛争议。近年来,无论是习惯,还是效力已经尘埃落定的司法解释,以及指导性案例、社会主义核心价值观等,都对现行法律渊源理论产生强烈冲击。正式、非正式法源的简单二分,已经无法适应复杂的社会关系,新的更合理的体系划分亟待提出。

判工作会议纪要》，甚或是《毒品犯罪审理会议纪要》，参会人员中很多是从事司法审判工作的骨干法官，其所提出的问题具有相当的现实针对性、审判疑难性，提出的解决规则也无疑是对审判经验的浓缩与概括、具有可推广性，这些审判领域专家所提出的方案也具有科学性。其次，相当重要的是，颁发机关在司法权力金字塔中所处的层级也决定了文件的效力层级。最高人民法院、最高人民检察院都是最高的司法权力机关，指导全国司法体系的工作，其指定和发布的会议纪要具有较强的影响力。而且，在我国行政化色彩比较浓厚的国情下，最高人民法院的文件效力明显高于其他司法机关。最高人民法院发布会议纪要时，通常会要求下级法院"认真贯彻执行"或者"参照执行"。会议纪要不再仅是会议内容的记录，而是司法机关的意志表达，这种意志需要各级法院认真贯彻执行。❶ 这使得会议纪要在法院系统内具有实际的普遍适用性和约束力。裁判理由是司法裁判的灵魂，司法判决的权威实际上来源于对司法裁判理由合法性和合理性的论证。"裁判理由是法律适用和法律解释的重要载体，法律适用和法律解释的过程与结果往往都是通过裁判理由展现出来。"❷ 法官们一方面明确了解会议纪要的功能定位，另一方面又需要遵循其效力，这就会出现在裁判文书中模糊援引或隐性援引等做法，也影响了会议纪要作为裁判理由功能的发挥。

从各种会议纪要的内容来看，现行会议纪要体系中，有的会议纪要发挥着准司法解释的作用，有的会议纪要仅是工作上的指导，有的则不具有或仅具有较弱的规范性质。要对会议纪要功能进行精准定位，就需要根据其内容进行形式上的分类规范化。

三、会议纪要的形式规范化

从形式上看，最高人民法院发布的会议纪要体例较为完整，既有原

---

❶ 黄韬：《最高人民法院的司法文件：现状、问题与前景》，载《法学论坛》2012年第4期。
❷ 孔祥俊：《法官如何裁判》，中国法制出版社2017年版，第460页。

则、精神等的抽象规定，又有相应细则性的规定；既有发布日期，又有实施日期，整体十分规范。根据内容的不同，会议纪要在司法实践中对各级法院的司法活动具有不同程度的影响。从维护法律统一适用的长远目标来看，应根据会议纪要的不同内容和功能分别进行分类化调整。

（一）以司法解释替代具有司法解释性质的会议纪要

司法解释和部分会议纪要的初衷都是统一法律适用。虽然会议纪要短期内能解决司法实践中法律适用的一些难题，但是其短期性和欠缺形式规范性对司法裁判会产生不利影响。法院对会议纪要援用不规范、不统一的现象也可能造成司法裁判混乱，减损司法权威。随着社会公众对司法裁判正当性期待的提升，从长期来看，应以司法解释替代现行"司法解释性质文件"的会议纪要，即实际上发挥着裁判依据功能的会议纪要应统一到司法解释体系之中。例如，最高人民法院《全国法院民商事审判工作会议纪要》，这是第九次全国法院民商事审判工作会议纪要，所以又简称《九民纪要》。《九民纪要》长达130条，对司法裁判产生了广泛的影响，援用《九民纪要》的裁判文书达几万份之多。《九民纪要》的外在形式是会议纪要，其性质属于司法解释性质文件，其内容中不乏对现有规范的实质性解释，它实际上发挥的就是司法解释的作用。

在我国的法律规范体系中，最高人民法院的司法解释权来自立法机关的授权，具有与法律和法规同等的效力。司法解释是保障法院严格适用法律的方式和手段，是对法官自由裁量的合理限制，是法律不断完善的重要途径。❶ 最高人民法院行使司法解释权，需要经过立项、起草与报送、讨论、发布、施行与备案等一系列严格的程序要求，司法解释必须经过最高人民法院审判委员会集体讨论通过。司法解释的形式规范性要明显高于会议纪要。对像《九民纪要》这样发挥如此重要作用的会议纪要，承担了确定裁判理念、创制司法制度和规则以及细化法律规定等重要功能，将其简单描述为不具有法律约束力并不利于其功能的发挥。笔者认为，这类会议

---

❶ 王利明：《司法改革研究》，法律出版社2001年版，第246－247页。

纪要应上升为司法解释的规范形式，使其发挥作用的程序更为规范，也避免其被称为"司法潜规则"❶ 的尴尬境地。

（二）以指导性案例补充并逐步替代部分会议纪要

"完善司法判例制度是建设法治国家的需要。现代司法判例制度的主要职能是统一法律的司法解释和限制法官的自由裁量权。"❷ 在规范指导法院审判工作方面，除了司法解释之外，指导案例制度也发挥了重要作用。指导案例制度是司法改革的一项重要内容，也是我国具有鲜明的国情和时代特色的司法实践成果。最高人民法院2005年首次以官方文件形式提出要建立和完善案例指导制度，2010年以《关于案例指导工作的规定》文件形式对案例指导制度进行了总体上的构建，2015年《〈关于案例指导工作的规定〉实施细则》发布，2018年修改《人民法院组织法》首次从法律上确立了案例指导制度，制度建设过程历经十余载。截至2022年7月4日，最高人民法院先后发布了32批共185个指导性案例。指导性案例具有统一法律适用标准、简化法律适用过程、有效填补法律漏洞、规范法官裁判活动和强化裁判的说理论证的功能。❸ 其可以充分发挥经验的导向作用，合理规范法官的自由裁量权，同时也能增强裁判的可预见性以及对人们将来行为的指引性。在具体案件的裁判过程中，指导性案例的裁判要旨等内容可以作为裁判理由，以补充或替代会议纪要的部分功能。

首先，与会议纪要相比，指导性案例的规范性更弱，因而其灵活性更强。"规则只是一件不够锋利的粗糙工具，而个案判断则能在很大程度上实现公平和精确。"❹ "案例成为最高人民法院司法治理的重要手段，很大原因在于案例是司法活动的必然产品，一切法律法规和抽象准则都借由案例走向具体化。"❺ 指导性案例主要是利用司法实践中具体典型个案作出的

---

❶ 潘申明：《司法潜规则研究》，载《西南交通大学学报（社会科学版）》2003第5期。
❷ 何然：《司法判例制度论要》，载《中外法学》2014年第1期。
❸ 王利明：《我国案例指导制度若干问题研究》，载《法学》2012年第1期。
❹ ［美］凯斯·R. 孙斯坦：《法律推理与政治冲突》，金朝武、胡爱平、高建勋译，法律出版社2004年版，第230页。
❺ 彭宁：《最高人民法院司法治理模式之反思》，载《法商研究》2019年第1期。

裁判,通过其生成的裁判要点,为以后出现的类似案件提供参照。在司法实践中出现新情况和新问题而司法解释等规范不能及时跟进时,最高人民法院可以通过发布指导性案例为各级法院提供参照,也可以避免地方法院频繁请示汇报。指导性案例都是直接针对个案作出的,可以在一定程度上回避学术理论上的争议,换句话说,针对个案的裁判无须等待理论争议的解答。指导性案例可以及时回应司法裁判对法律规则的需求,以应对司法实践不断出现的新问题。指导性案例的规则来源于现实案例,更具有生动性、灵活性和直观性。指导性案例生成的裁判要点对于指导法官裁判更具有针对性,能做到"无缝对接"。有学者认为指导性案例具有明晰法律的功能。❶ 在一些案例中,抽象模糊的法律规定与案件事实结合生成具体裁判规则,这些具体裁判规则都是在具体案件中生成的,更易被法官所理解,也更容易被接受,因而指导裁判的效果会更好。

其次,在法定效力方面,指导性案例比会议纪要更加具体明确。最高人民法院《关于案例指导工作的规定》第7条明确规定,最高人民法院发布的指导性案例,各级人民法院审判类似案例时应当参照。会议纪要则因为其内容、规范性甚至重要性上差异较大,并无相关法律规范明确其约束性效力,最高人民法院也只是在向地方法院传达会议纪要的通知中要求"参照执行"或"认真遵照执行"。最高人民法院《关于案例指导工作的规定》和《〈关于案例指导工作的规定〉实施细则》第9条与第11条有明确规定,在裁判文书中引述相关指导性案例的,应在裁判理由部分引述指导性案例的编号和裁判要点。学者陈树森认为我国指导性案例具有一种特殊类型的约束力,其约束力的基础来源于审级监督权和案例本身的合理性、逻辑性、说服力、案例创制机关的权威性以及社会认同度等。❷ 虽然对于指导性案例的效力,学界与实务界也存在一些争议,❸ 但整体而言,

---

❶ 宋菲:《指导性案例功能实现的困境与出路》,载《河南财经政法大学学报》2017年第6期。
❷ 陈树森:《我国案例指导制度研究》,上海人民出版社2017年版,第14-15页。
❸ 例如,胡云腾认为,法官在审判具体案件时如何参照指导性案例,规定没有作明确要求,主要考虑到指导性案例的指导方式是示范性、规范性、个别性和引导性的,不宜强求某种方式。参见胡云腾:《谈指导性案例的编选与参照》,载《人民法院报》2011年7月20日,第5版。

指导性案例在效力层面的规定上要比会议纪要更清晰，更加有利于其在司法实践中成为法官的指导性规则。

最后，案例指导制度附带的案例识别和类比等法律方法的运用，能增强司法裁判理由的弹性，满足司法裁判个案正义的需求。案例指导制度应用于司法实践中需要结合相关法律方法完成。案例识别与类比推理等法律方法共同构成案例指导制度下的法律方法体系。法官需要将待决案件的客观案件事实与指导性案例的事实进行比对，找出"裁判要点"中的必要事实性相似点以及厘清待决案件面对的法律问题是否与"裁判要点"中涉及的法律问题相似。当法官认为待决案件与指导性案例构成类案时，可以适用类比推理；当法官认为二者的差异具有不可忽视的法律意义时，则将二者作出区分。关于相似点的判断是指导案例制度运作中的关键技术难点，张骐认为，类比保证规则与类比保证理由可以在一定程度上作为许多中国法官所希望的那种"案例相似性比对规则"。[1] 针对已经发布的指导性案例，诸多法官进行了类案检索、对比或区分，提升了司法裁判的质量。作为最高人民法院对司法实践中出现的新情况及时总结并运用集体司法智慧，推导和发现解决案件的实际裁判规则，"指导性案例既可以快速回应司法的新需求、新期待，又可充分体现理论性和创新性，因此，案例指导制度更符合审判实践的需要"[2]。

从长远发展来看，中国特色社会主义法律体系已建立并逐渐完善，法律对社会调整的覆盖范围逐渐扩大，因而会议纪要对社会调整的空间会相对逐步缩小。会议纪要制度最终会被更加规范的司法制度所替代。最高人民法院应维护法律适用统一性，逐步减少对会议纪要这类规范性程度较弱的文件的依赖，而更多地通过规范性更高的司法解释和指导案例制度来实现。

---

[1] 张骐：《论类似案件的判断》，载《中外法学》2014年第2期。
[2] 胡云腾、罗东川、王艳彬、刘少阳：《〈关于案例指导工作的规定〉的理解与适用》，载《人民司法》2011年第3期。

四、会议纪要的公开程序规范化

"正义不仅要实现,而且要以人们看得见的方式实现。"司法公开,既是彰显司法文明和树立司法公信的必然要求,也是一个国家法治进步的重要保障和标志。在一段时间之内,司法机关将继续采用会议纪要形式颁行各类规范性司法指导文件来规范指导司法实践。鉴于我国司法体系的现实状况,目前应尽可能通过最高人民法院自身建立起相应程序化的工作机制,减少程序上的随意性,加大会议纪要公开力度。从1999年至今,虽然最高人民法院陆续发布《关于严格执行公开审判制度的若干规定》《关于司法公开的六项规定》《关于人民法院接受新闻媒体舆论监督的若干规定》《司法公开示范法院标准》等一系列关于司法公开的文件。但是涉及会议纪要公开方面的规定还不甚完善,比如会议纪要是否应该公开、哪些会议纪要应当公开、在什么范围内公开以及公开的方式等目前没有明确规定,下一步可以借鉴政府信息公开经验措施,进一步明确会议纪要公开方式,保障公众司法知情权。

第一,明确会议纪要公开的内容和范围。建立会议纪要公开内容制度,拓展会议纪要公开范围。凡是涉及社会公众应普遍知悉或者参与的,关系到公民、法人或者其他组织切身利益的,司法机关机构设置、职能、办事程序等具有影响公民法人和其他组织权益的会议纪要应当主动公开。会议纪要公开应坚持以公开为原则、不公开为例外的要求,依法、及时、全面向社会公众公开。会议纪要涉及国家秘密、商业秘密和个人隐私的情形可以借鉴《政府信息公开条例》的相关规定。

第二,完善和规范会议纪要公开程序和形式,畅通当事人和律师获取会议纪要的信息渠道,明确会议纪要公开责任主体,健全会议纪要公开流程管理机制,确保会议纪要公开规范有序推进。最高人民法院可以采取应当主动公开和申请公开方式。应当主动公开的会议纪要需在最高人民法院官网、《最高人民法院公报》和《人民法院报》上公开发布,同时下发地方各级法院。特别是涉及公民切身利益的会议纪要,不仅要在上述规定的媒体上公布，还要在社会公众更容易知悉的媒介上进一步予以公开，让社会公众方便获知，提高会议纪要的公开化和透明度，以便于遵守和执行，也方便社会公众对会议纪要应用工作的监督。对于不属于主动公开且只涉及当事人利益的会议纪要内容，当事人和律师可以通过申请方式获取，保障当事人和律师司法知情权、司法参与权、司法表达权和司法监督权。

随着社会发展和司法改革的推进，社会公众对司法公开寄予了更高期待。司法的深度公开是我们对司法提出的新要求，而会议纪要的公开是其中一个环节。会议纪要关乎直接或潜在相关人的切身利益，对司法裁判具有实质性影响，因此根据会议纪要的内容明确其公开范围和程序，将有助于提高司法过程透明度，提升整个司法系统的权威性。会议纪要作为司法政策与规范的重要载体，应该坚持主动公开、及时公开、全面公开、依法公开和实质公开，确实保障社会公众司法知情权、司法表达权、司法参与权和司法监督权，提升司法为民、公正司法能力，弘扬法治精神。

至此，我们仅讨论了最高人民法院发布的会议纪要，实践中还存在大量地方司法机关、检察机关等发布的会议纪要，其中不乏公开程度较高的、对司法审判具有重要指导意义的会议纪要，如浙江省高级人民法院、浙江省人民检察院、浙江省公安厅《关于依法惩处拒执犯罪若干问题的会议纪要》等。对这些会议纪要应如何进行规范，以便使其在司法实践中发挥更好的作用，还需要进一步探索。

结　语

　　司法与政治是两套不同的社会治理体系。法治理念之下，政治与司法无论是在理念、制度以及技术上都是有所区别的；但从政治哲学层面来说，司法是政治之下的一个概念，司法需要贯彻国家和政党政策，任何司法的都是政治的。用波斯纳的话说，"想回避政治性外观本身也许就是出于政治动机"❶。既然司法与政治之间无法清晰划界，那么当我们讨论司法与政治的关系时，必须以明确语境为前提。我们既不能简单地说司法与政治是完全不同的，也不能说由于裁量空间的存在，审判的决定过程就与政策决策过程并无二致。

　　在我国，司法政策是司法机关贯彻国家和政党意志的重要途径，司法政策文件形式繁多，"决定""通知""意见"以及年度工作报告等都是它的表现形式。其中，会议纪要作为司法机关制作发布的规范性司法指导文件，它既是一种承载司法政策内容的文件形式，也是一种将政策性内容施行于司法过程的具体制度。会议纪要等形式的司法政策，在动态方面，将政策性内容引入司法过程，推动法官作出司法裁判，形成司法与政治之间的互动；在静态方面，它兼有司法与政治的双重性质，居于司法与政治的模糊边界，也是司法政治性的集中体现。

　　"法律多元在当代的存在已成为一个不争的事实。"❷ 会议纪要也是国家规范多元化的具体体现。正是因为有了会议纪要类文件，政策才从一种

---

❶ ［美］理查德·A. 波斯纳：《超越法律》，苏力译，中国政法大学出版社2001年版，第73页。
❷ ［日］千叶正士：《法律多元》，强世功等译，中国政法大学出版社1997年版，第2页。

政治规范进入司法体系，转化为影响司法裁判的具有规范性质的内容。会议纪要等司法政策文件是中国特色社会主义司法制度的新现实，也是具有重要意义与价值的司法技术，在司法裁判中发挥着积极的影响。与司法解释相比，会议纪要具有"短平快"的特点，能够及时解决司法中的具体问题。尤其是政策性内容的引入拓展了司法的视角，使得法官对司法问题的考量更为全面和立体，避免了一些可能基于职业化的偏执，❶ 但它也存在突出的规范性不足等问题。我国法律没有明确规定会议纪要的规范性质，在实践层面，这是因为会议纪要以及与其相类似的一些文件本身内容就非常繁杂，甚至一个文件内部本身就包含有不同程度规范性的内容。比如，会议纪要本身有一些政治宣示性的内容，其规范性就相对较弱，对司法过程的影响是整体和间接性的；而一些会议纪要内容涉及法律条文理解与适用，则对司法过程的影响就更为直接。即便同样是涉及法律适用问题，因为法律规范与待决案件之间的罅隙或大或小，会议纪要也因内容差异发挥的作用又有不同。

随着司法改革的推进，社会公众对司法文明具有更高期待，会议纪要欠缺规范性的问题亟待解决。"改变意味着发展，这是法律的生命。"❷ 以会议纪要为代表的司法政策文件未来的发展还是应以内容和功能为中心。就短期发展而言，最高人民法院应明确会议纪要的效力定位，加强会议纪要的形式规范化，明确审查主体和权限，实现程序公开公正。在此，规范的程序发挥了过滤器的作用，将政策中不适合纳入司法体系的内容挡在司法过程之外。同时，通过加强会议纪要的形式规范性和明确法定效力，也便于法官更有效地将会议纪要作为裁判说理的理由，实质性丰富法律论证资源。从长期发展来看，最高人民法院应逐渐采用更具规范性和稳定性的制度来替代和补充会议纪要制度，如对具有裁判依据功能

---

❶ 波斯纳法官说："法律训练的同质化造就了一定程度的有关职业问题的共识，使从业者误以为自己有通向真理的专列。"［美］理查德·A. 波斯纳：《超越法律》，苏力译，中国政法大学出版社2001年版，第67页。

❷ 布兰代斯法官语，转引自［美］本杰明·卡多佐：《法律的成长》，董炯、彭冰译，中国法制出版社2002年版，第77页。

的会议纪要，应上升为具有更高规范性效力的司法解释或者立法，以指导案例制度作为会议纪要的补充，稳步实现司法政策的具体化，为司法裁判提供更为专业、精准和有效的指导，从而整体性提升我国司法的权威与公信力。